供应链上的企业社会责任：
供应商驱动与客户价值创造

冯云婷　著

上海交通大学出版社

SHANGHAI JIAO TONG UNIVERSITY PRESS

内容提要

本书较为详细地介绍了供应链上企业社会责任管理的历史、概念发展及国内外实践情况，提出了供应链上实践企业社会责任的理论模型，重点介绍了核心企业驱动供应商开展社会责任实践，并考量采用延伸供应链社会责任实践是否为核心企业创造了价值。对于计划在供应链层面管理其企业社会责任实践以实现价值创造的国内企业，本书的研究结果可以对其有所启示；此外本书对供应商如何更好地在客户压力下开展企业社会责任实践也会有所启发。本书可供企业社会责任、可持续供应链领域的管理人员、研究人员使用，也可作为高等院校相关专业研究生的教材或参考书。

图书在版编目(CIP)数据

供应链上的企业社会责任：供应商驱动与客户价值
创造／冯云婷著. —上海：上海交通大学出版社，
2022.8
ISBN 978－7－313－27039－9

Ⅰ.①供… Ⅱ.①冯… Ⅲ.①企业管理－供应链管理
－社会责任－研究 Ⅳ.①F274

中国版本图书馆 CIP 数据核字(2022)第 110799 号

供应链上的企业社会责任：供应商驱动与客户价值创造
GONGYINGLIAN SHANG DE QIYE SHEHUI ZEREN：GONGYINGSHANG QUDONG YU
KEHU JIAZHI CHUANGZAO

著　者：冯云婷
出版发行：上海交通大学出版社　　　　　　　　地　　址：上海市番禺路 951 号
邮政编码：200030　　　　　　　　　　　　　　电　　话：021－64071208
印　制：上海万卷印刷股份有限公司　　　　　　经　　销：全国新华书店
开　本：710 mm×1000 mm　1/16　　　　　　印　张：7.75
字　数：116 千字
版　次：2022 年 8 月第 1 版　　　　　　　　　印　次：2022 年 8 月第 1 次印刷
书　号：ISBN 978－7－313－27039－9
定　价：58.00 元

本书涉及的研究得到了以下两个课题的资助：

国家自然科学基金青年项目"动态环境下品牌企业可持续关系供应商治理实证研究"（72102036）、上海市青年科技英才扬帆计划"面向客户—供应商协同的可持续供应链管理实践—绩效提升机理研究"（21YF1401000）。

前　言

　　发达国家已将企业社会责任（corporate social responsibility，CSR）的实施作为企业进入市场的门槛。在全球化背景下，包括美国的苹果和耐克在内的跨国公司已将企业社会责任实践扩展到其供应商，作为其国际运营战略的一方面。随着中国政府推动经济逐步向可持续发展模式转变，更多的国内企业需要向环境友好型和负责任的经营模式转变。同时，在"一带一路"倡议的实施下，国内企业拥有更多"走出去"的机会，但同时在供应链上的企业社会责任实践方面将面临更多风险。有关如何在供应链上管理其企业社会责任实践的问题为国内许多企业带来了挑战。例如，中国的有些产品在国际市场上被指控质量不佳，甚至会对自然环境或人体健康造成损害；一些国内企业受到国外媒体或非政府组织的不断施压，要求他们在海外实践绿色生产方式并保障员工合法权益。

　　为了获得市场认可，国内企业需要在社会责任实践要求的范围内管理其供应链。首先，需要对供应链上的企业进行有关社会责任实施的供应链风险评估。由于能力、资源、技术和重视度有限，中小型供应商往往在环境和社会可持续发展方面的管理水平较落后，这可能是核心企业（客户）供应链社会责任风险的主要来源。一般而言，当核心企业受到来自消费者和非政府组织等多方利益相关者的压力时，并且由于与供应商存在基于合同的直接经济关系，将对供应商（尤其是中小型供应商）施加压力，以促使其践行社会责任。因此，在供应链层面的企业社会责任管理始于客户施加压力以驱动中小型供应商开展社会责任实践。其次，客户将考虑通过社会责任实践实现价值创造。企业社会责任实践本质上是自愿的，因此，核心企业开展社会责任实践的初衷是希望获得利益相关者的普遍认可。这种认可将使核心企业的社会责任实践具有合法性（Suchman（1995）定义合法性为一种普遍的认知或假设，表明在社会构建的规范、价值观、信仰体系下，一个实体的行为是可取的、恰当的或适当的）。而企业获得合法性的一种典型方法是得到外部机构的认证，以向外部利益相关者证明其能够可持续运营。因此，核心企业通过获得社会责任认证以提高其合法性，以此获得因股东的股票价格上升而增加的收益。

因此，国内企业的供应链层面的社会责任实践关键在于驱动中小型供应商践行社会责任，并以获得认证的方式证明其企业社会责任实践的合法性，从而实现价值创造。尽管如此，已有研究中仍然没有大量的实证证据可供国内企业采用，企业无法靠向供应商施压以评估其进行社会责任实践的有效性，以及通过采用社会责任认证方式增加其市场价值的有效性。关于中小型供应商采用不同的社会责任实践是否受自身能力影响的研究也很罕见。关于国内企业的供应链社会责任实践，已有的文献主要集中在研究国际客户如何在全球运营中管理发展中国家的供应商。同时还有部分文献关注发达国家企业社会责任实践与公司价值研究。

目前，关于国内企业如何在可持续发展中开展企业社会责任实践以及提升相关市场价值的问题尚未得到充分探讨。对国内企业供应链社会责任实践的范围、特征、规模及或有因素的影响仍然研究不足，而研究这些问题可以为实践者开展社会责任管理提供见解。此外，企业社会责任实践在中小型供应商中的采用强度在很大程度上受到其内在能力的影响。例如，在对中小型供应商企业的调研中，我们发现那些具有高动态能力以应对客户不断变化的需求的中小企业可以更有效地开展客户要求下的社会责任实践。同时，许多作为客户的企业已经开始通过获得认证来展示他们在社会责任实施方面的努力，从而获得企业社会责任的合法性并收获市场价值。另外，获得认证而带来的市场价值的提升程度可能会随企业的机构合法性水平不同而变化。例如，由于国有企业具有较高的机构合法性，因此，通过获得认证或许可以达到更高的市场价值。基于以上分析，本书对以下内容进行了研究。

首先，在详尽的文献综述的基础上，本书建立基于供应链的社会责任实践的理论模型。本书采用文献计量分析法和内容分析法研究该领域的文献数据，描绘了研究领域的整体结构，并对关键的研究重点进行深入分析。基于文献综述的结果，我们得到了本书的理论框架。

其次，本书研究了客户如何对中小型供应商施加压力以驱动其开展社会责任实践，并考虑客户需求对具有不同动态能力的中小型供应商的影响。在此基础上，进一步探讨中小型供应商企业社会责任的实践维度和动态能力维度，并开发基于每个维度的题项。然后使用来自国内中小型供应商的数据测试维度和题项的质量。基于从中小型供应商手中取得的一手问卷数据，使用层次回归法得到结果以提供实证支持。

最后，本书根据核心企业是否采用企业社会责任认证来分析其是否产生市场价值，同时考虑了机构合法性因素对核心企业市场价值创造的影响。对中国上市公司发布的通过企业社会责任认证公告的数据、股价数据和机构合法性数据进行检验以提供实证支持。

本书的结果为在供应链上实践企业社会责任的理论模型提供了实证支持。本书重点讨论的核心企业驱动中小型供应商开展社会责任实践拓展了现有关于供应链中企业社会责任的相关研究。对于计划在供应链层面管理其企业社会责任实践以实现价值创造的国内企业，本书的研究结果可以对其有所启示；此外，本书对中小型供应商如何更好地应对客户在企业社会责任实施方面的压力也会有所启发。

目　录

第 1 章
供应链层面企业社会责任的实施

1.1 供应链中企业社会责任的 实施背景和研究意义

随着环境污染、侵犯劳工权益等问题的激增，企业社会责任受到社会的广泛关注。近年来，有关企业社会责任的法律、法规和指南不断制定。例如，2014年，党的十八届四中全会就强调了"加强企业社会责任立法"的重要性。此外，随着消费者对企业社会责任感知的增强，企业是否履行社会责任已成为影响消费者购买决策的关键因素之一。新闻媒体的曝光，消费者对不负责任的公司产品的抵制，以及非政府组织（non-governmental organizations，NGO）和其他利益相关者的监督是企业实施社会责任的关键驱动力。如图1-1所示，从2006年到2021年，尤其是在2010年之后，中国企业发布的企业社会责任报告数量从21份迅速增加到851份。可见，中国企业履行社会责任的意识不断增强。

1.1.1 供应链中企业社会责任实施的必要性

快速的全球化和信息技术的发展使得企业之间的竞争转向供应链服务（supply chain service，SCS）之间的竞争。核心企业在供应链中的权利、影响力、声誉等都处于领先地位，为了获得竞争优势和经济利润，他

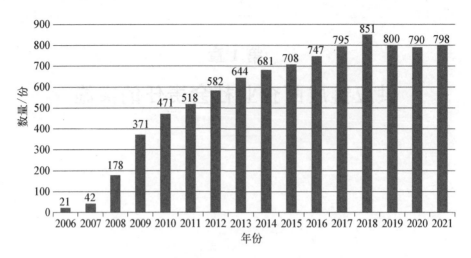

图 1-1　2006—2021 年企业社会责任报告数量

（来自 RKS 网站的数据，可在以下网址获得：http://www.rksratings.cn/）

们形成了从原材料采购、制造到产品销售的供应链。同时，随着更多公司（供应链成员）的参与，管理和监控多个公司的难度增加，因此，供应链风险增大。比较有代表性的例子是，在 2010 年，苹果公司的主要供应商富士康在中国的几家工厂发生了员工过度工作的问题，因而受到指控，导致苹果公司遭到了来自美国消费者的抵制。此外，由于供应链上下游成员存在基于合同的直接经济关系，他们会影响彼此的社会声誉，因此，供应链成员之间存在一定的企业社会责任"溢出效应"（Lemke et al.，2013）。任何一个供应链成员的企业社会责任绩效都可能直接或间接影响其他成员的企业社会责任感知。特别是核心企业可能会受到更大的影响，因为他们的声誉和品牌认知度高于供应链中的其他成员（Lemke et al.，2013）。因此，企业社会责任的实施已经成为超越公司个体的供应链层面的实践（Markley Melissa，2007）。

　　由于供应链上下游企业面临的利益相关者压力、拥有的资源和能力以及企业治理水平等存在一定差异，因此，企业在社会责任实施方面面临的障碍和风险不同（Lim et al.，2008）。人们普遍认为的一种观点是，部分上游中小型供应商由于资源、能力和技术有限，在实施企业社会责任时往往面临更大的风险和障碍，因此，客户应更加重视中小型供应商企业社会责任的实施。另一种观点是，核心企业（在其供应链中具有绝对影响力和权利的企业）由于与终端市场接触得更频繁，因此，通常比其他供应链成员得到更多的社会关注。在这种情况下，核心企业甚至可能成为中小型供应商不负责任经营的"替罪羊"而遭受经济损失。例如，2013 年 4 月，孟加拉国拉纳广场大楼倒塌，造成 1 133 名工人死亡和约 2 500 名工人受伤（Jacobs et al.，2017）。事故发生后不久，包括沃尔玛和盖璞在内的几家西方知名零售商被发现是这些倒塌工厂的主要客户，这些公司被指控不负责任地采购且对供应商的安全违规行为漠不关心（Jacobs et al.，2017）。2014 年 8 月，中国食品加工厂福喜食品被媒体曝出其肉制品中使用了不安全的化学食品添加剂。作为福喜食品的主要客户，麦当劳、肯德基、汉堡王等 22 家核心企业遭到媒体的曝光和公众的声讨。麦当劳的市值甚至在事件发生后的两天内蒸发了 26 亿美元，其在中国的销售业绩也在事件发生后的一个月内出现了大幅下滑。2017 年 9 月，舍弗勒集团的一家零部件供应商因污染问题被中国政府关停。这导致零部件严重短缺并且最终产品交付延迟，如果没有新的供应商可以替代，可能造成 45.53 亿美元的经济损失。可以看出，上游中小型供应商所涉及的企业社会责任风险对下游核心企业有很大的影响，这突出了通过对中小企业施加压力，促使其实施企业社会责任的重要性。

随着中国经济发展进入"新常态"，不断参与全球贸易的行业寻求重组以实现环境和经济的可持续发展。对中国企业来说，如何将企业社会责任实施延伸到供应链中是一个重大挑战。随着中国政府推进"一带一路"倡议，企业有更多"走出去"的机会，同时也面临与企业社会责任相关的供应链风险。例如，近年来，中国一些企业因生产低质量的产品对非洲一些国家的环境和社会造成了危害而受到指控。为了获得市场的认可，中国企业必须更加关注延伸到其供应链管理层面的环境道德责任行为。

自 20 世纪 90 年代以来，供应链层面的企业社会责任问题一直是学术界关注的焦点（Walton et al.，1998）。有两类文献从供应链的层面讨论了核心企业的企业社会责任管理问题。第一类文献从供应链的层面讨论了企业社会责任实践的动机。由于受到来自最终消费者的相对较高的关注，核心企业往往在企业社会责任实施方面先受到压力（Seuring et al.，2008）。

当核心企业感受到压力时，它往往会将压力传递给供应商，尤其是那些在企业社会责任方面具有较高风险的中小型供应商（Seuring et al.，2008）。一些研究强调，客户压力可能是推动供应链实施企业社会责任的"核心触发因素"，因为客户担心如果供应商的企业社会责任问题暴露，消费者会抵制购买他们的产品（Seuring et al.，2008）。

第二类文献更加关注企业社会责任实践在供应链中的表现。其中一种观点是，企业社会责任实践可以通过更好地遵守消费者要求和社会规范，从而改善企业形象，使核心企业受益（Shiu et al.，2017）。企业社会责任实践使核心企业能够通过接受企业社会责任来明确运营目标并执行它们（Zhu et al.，2015）。然而，由于供应链上的信息不对称，企业社会责任实践的目标并没有很好地制订并在供应链成员和其他利益相关者（例如供应商、客户和股东）之间实施。因此，进行企业社会责任实践的核心企业需要让投资者相信他们关心社会的承诺以及获得市场支持、刺激销售和随后推动股价的能力。从经济角度来看，除非预期收益超过产生的成本，否则企业很难自愿采取企业社会责任改进行动（Tuczek et al.，2018）。因此，核心企业更渴望寻求企业社会责任认证（即 ISO 14000、SA8000），以展示其对企业社会责任实践及对供应商企业社会责任实践的管理。认证获取缓解了核心企业与外界之间的信息不对称，并向市场传递了认证企业有能力提高绩效的信心（Su et al.，2016）。

从文献内容来看，首先，关于企业社会责任的现有文献集中于大客户施加越来越大的压力以激励中小型供应商进行企业社会责任实践的问题（Ayuso et al.，2013；Porteous Angharad et al.，2015）。然而，这种激励的有效性似乎是有限的，中小型供应商的企业社会责任实施水平仍然很低（Baden et al.，2009）。对于一些中小型供应商，尽管感受到来自客户的高压力，但他们较少致力于企业社会责任管理问题（Torugsa et al.，2012）。对于中小型供应商的某些内在能力，如动态能力（在不断变化的环境中做出响应的能力）是否会影响客户压力下企业社会责任实施的动机这一问题的研究很少。其次，客户作为供应链的核心企业，也寻求从企业社会责任的实施中创造价值。而现未见研究核心企业如何通过实施企业社会责任来增加市场价值的文献。

基于上述实践和研究背景，本书旨在回答以下问题：

（1）企业社会责任实践激励和价值创造的理论框架是什么？

（2）考虑到中小型供应商动态能力变化的影响，客户如何激励中国中小型企业社会责任的实施？

（3）除了通过中小型供应商实施企业社会责任来规避风险之外，客户如何通过认证从企业社会责任实施中创造价值？

1.1.2　本书对供应链上中小型供应商实施企业社会责任的贡献

1. 对理论和方法的贡献

第一，我们从供应链层面出发，通过构建一个激励企业社会责任实践的概念模型来扩展企业社会责任和供应链管理方面的文献。基于理论文献和实际情况，本书确定了供应链上中小型供应商实施企业社会责任的最关键的驱动因素，并通过对中小型供应商应对客户压力的研究，丰富了企业社会责任实践激励方面的文献。此外，本书还将由客户驱动的中小型供应商企业社会责任实践与其内在能力——动态能力联系起来，为供应链上中小型供应商企业社会责任实施提供动态能力的理论视角。

第二，本书将企业社会责任认证视为获得企业社会责任合法性的一种方式，从合法性的角度加深了对企业社会责任实施与绩效关系的认识。此外，本书还强调，制度合法性因素对获得企业社会责任合法性的股票市场价值有很大影响。鉴于现有文献很少通过纳入社会政治合法性和认知合法性等制度合法性因素的影响来讨论认证与绩效的关系，本书进一步丰富了企业社会责任方面的理论。

第三，在方法层面，本书的技术贡献在于制订了中国中小型供应商企业社会责任实践的题项。本书在前人研究和 ISO 26000 社会责任指南的基础上，提出了中国中小型供应商实施企业社会责任的七大要素，可供以后的研究借鉴。

2. 对实践的贡献

本书的理论模型为核心企业，特别是作为自有品牌企业的大客户提供了一个框架，以激励企业社会责任实践和价值创造。客户应采取两种措施：第一，对其中小企业施加压力并与他们合作，构建动态能力，可以更好地激励中小型供应商对企业社会责任的实践。第二，从企业社会责任实践中寻求市场价值提升的客户可以获得企业社会责任认证，从而发挥企业社会责任的合法性，可以从股东那里获得奖励。

此外，从制度合法性因素分析来看，中国国有企业一旦宣布他们的认证，将会获得更高的合法性去追求可持续运营。本书还从政府的角度进行讨论，政府通过为国有企业提供背书和支持来刺激中国国有企业的财务绩效，而本书的研究结果为此提供了建议。

1.2　研究目标

本书旨在实现如下三个研究目标。

第一，考虑到中小型供应商企业社会责任实践的动机和通过企业社会责任认证为客户创造价值，从供应链层面建立一个关于企业社会责任的理论模型。

第二，通过考虑动态能力的调节影响，调查中小型供应商企业社会责任实践如何受到客户压力的激励。我们将制订一份衡量中国中小型供应商企业社会责任实践的问卷，并制订来自 ISO 26000 社会责任指南中七个核心方面的题项，以衡量企业社会责任实施的不同实践水平。我们将使用一手数据分析方法对中国中小型供应商的样本进行分析，以确定五种动态能力对客户驱动的企业社会责任实践的潜在影响。

第三，采用事件研究法，考察大型核心企业（客户）在股市中的短期财务绩效，调查其通过企业社会责任认证而实现的价值创造；另外，本书基于计量经济学中的回归分析考虑这种价值创造是否取决于其不同的制度合法性水平。

1.3　研究计划和方法

本书将结合实证证据，分析供应链层面企业社会责任实践动机和社会企业的价值创造；将使用文献计量分析、因子分析、层次回归、事件研究和基于计量经济学的回归分析等各种方法分析文献数据、一手和二手实证数据，以实现三个研究目标。图 1-2 展示了本书的数据来源和方法，本书的研究路径如附录 1 所示。

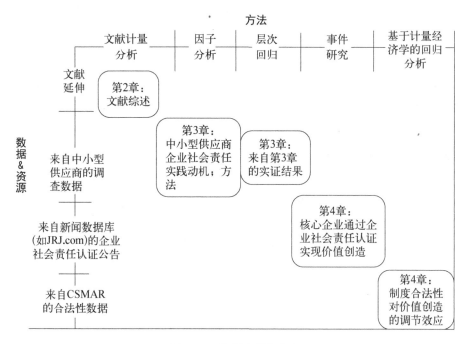

图 1-2　数据来源和方法

1.3.1　研究计划

具体来说，本书将开展三个方面的子研究，每个子研究的研究计划如下。

子研究 1——供应链层面的企业社会责任理论框架。

本书对供应链层面的企业社会责任领域的现有研究进行评估，在 Scopus 数据库中共搜索到 628 篇与该主题相关的期刊文章。首先，系统化和结构化地回顾这些文章，从而对该领域进行总体描述，如高被引文章、作者等。其次，采用文献计量学方法对网络、共引和共词进行分析，从而为该领域的研究重点、知识结构提供客观的描述。更重要的是，本书还从分析中发现了几个研究空白，在文献综述的基础上，形成了企业社会责任实践和通过企业社会责任认证为客户创造价值的理论框架，这为本书的研究提供了核心理论基础。

子研究 2——客户压力下中小型供应商企业社会责任实践的激励和动态能力的调节效应。

本书将评估客户压力的水平、中小型供应商企业社会责任实践情况以及中小型供应商的动态能力，并构建一个概念框架来分析客户压力与企业社会责任实践之间的关系以及五种动态能力对这种关系的调节作用。此外，企业社会责任实践的构建将根据文献和著名的国际企业社会责任指南 ISO 26000 来确定。企业社会责任实践的七个维度包括组织治理、人权、劳工实践、环境、公平运营、消费者问题，以及社区参与和发展；每个维度的题项针对中国中小型供应商进行开发。动态能力的构建基于文献回顾进行开发。对收集到的第一手调查数据进行实证分析：① 采用普通最小二乘法（OLS）回归分析客户压力与中小型供应商企业社会责任实践之间的关系；② 利用层次 OLS 回归模型研究五种动态能力对压力与实践关系的调节作用。这些结果将在后文讨论。

子研究 3——采用企业社会责任认证的市场价值及制度合法性因素的调节作用。

为了进一步理解企业社会责任实践的动机，本子研究侧重于根据股票价格变化的市场反应，对采用企业社会责任认证的市场价值进行调查。本书将搜索在中国上市的核心企业关于采用企业社会责任认证的公告，然后采用事件研究法确定他们基于市场模式的股票回报（Brown et al., 1985）。企业社会责任认证公告将采集自沪深交易所、金江网等新闻数据源。本书将计算因获得企业社会责任认证而产生的异常股票回报，以检验认证与绩效之间的关系。在异常回归结果的基础上，采用一系列基于计量经济学的回归模型，探讨社会政治合法性和认知合法性两个制度因素对认证与绩效之间关系的调节作用。我们将从中国股票市场与会计研究（CSMAR）数据库中收集有关机构合法性因素和几个控制因素的相关数据，研究所采用的方法为事件研究法和基于计量经济学的 OLS 回归模型。

1.3.2 研究结构

根据研究计划,笔者将本书的结构分为以下五章。

第 1 章介绍研究背景与意义。本章确定了研究问题和目标,制订了研究计划,并介绍了研究方法。

第 2 章介绍了供应链中企业社会责任的概念、该领域的研究情况和本书理论框架。首先,本书将基于现有的研究,讨论企业社会责任的概念、实践测量和绩效影响。其次,本书将对企业社会责任领域进行文献综述,以描述研究现状、重点,并指导本书之后章节的研究重点。最后,根据文献综述的发现,建立一个整体的理论框架。

第 3 章建立中国中小型供应商企业社会责任实践动机的概念模型。首先,将为中小型供应商开发一个客户驱动的企业社会责任实践的概念模型,并考虑动态能力的调节效应。其次,将编制一份关于中小型供应商的客户压力、企业社会责任实践和动态能力的调查问卷。最后,收集中小型供应商的一手数据,对概念模型进行实证检验,并对结果进行讨论。

第 4 章探讨中国大型核心企业采用企业社会责任认证的市场价值及制度合法性因素的调节作用。本书将建立企业社会责任认证和市场价值与制度合法性因素之间关系的概念模型,并收集中国上市企业的企业社会责任认证公告数据、股价数据,以及制度合法性因素数据。

第 5 章总结全书,并阐述了本书对未来研究的启示,以及在当下的局限性。

第 2 章
供应链上企业社会责任概念、
文献综述和理论框架

2.1 企业社会责任的概念、实践测量

2.1.1 企业社会责任概念

早在 1924 年，英国学者 Oliver Sheldon 就在《管理哲学》一书中提出，企业在盈利的同时需要关注企业内外不同群体的需求。社区利益高于企业的利润，企业应增强社区服务和社会贡献的意识。这一观点为后来的研究奠定了思想基础。与企业在获得经济效益的同时还应承担社会责任的观点相反，以 Levitt（1958）、Friedman（1962）为代表的一些学者认为，企业社会责任减少了股东的利益，对公司来说是一种额外的税收，破坏了市场的资源配置作用。此外，承担企业社会责任可能会导致代理问题，甚至会引发管理者与股东之间的利益冲突：管理者实施企业社会责任是个人实现社会、政治或职业目标的一种手段，但牺牲了股东的利益。例如，采用一种新的清洁技术将为管理者的环保声誉带来提升，但需要包括资金、人力、时间或其他资源在内的资源投入，这些都给公司增加了额外的成本。

然而，以股东利益最大化来承担企业社会责任的观点引起了学者们的争论。Bowen 在他的著作《商人的社会责任》中指出，商人的企业社

责任是"商人具有按照社会的目标和价值观去确定目标、做出决策和采取行动的义务"。他提出，企业是企业社会责任的主体，管理者是企业社会责任的执行者；承担企业社会责任是企业的自主决策行为，不受政府的监管和法律的约束。但后来他也意识到，随着企业实力的增强，企业自身无法独立解决一些企业社会责任问题。其他学者，如 Davis（1960）也认为，商人在做决策时应该考虑企业外部的社会影响；McGuire（1963）建议企业应先承担经济责任，然后在此基础上向承担社会责任的方向扩展，并认为除经济和法律义务之外的社会责任应纳入企业社会责任的范围。

20 世纪 70 年代，企业社会责任的概念区分了社会责任的维度和层次。Davis（1973）将企业社会责任定义为一种超越经济、技术和法律方面的社会责任，强调企业社会责任超越法律责任。随后，Blomstrom et al.（1975）提出，承担企业社会责任意味着企业在做决策时应考虑自身利益和社会福利，以实现企业与社会的协调。企业应尽最大努力避免负面影响，并从事对社会有益的事情。企业社会责任的核心是保护自身和员工的利益，然后是保护环境和社区的利益，接着是作为社会中的一员为社会福利的改善做出贡献。Sethi（1975）认为企业社会责任包括三个层次：社会义务、社会责任和社会响应。Carroll（1979）在前人的基础上提出了著名的企业社会责任的四个维度，即经济责任、法律责任、道德责任和慈善责任。该金字塔模型（见图 2-1）为企业社会责任领域的后续研究奠定了重要基础。

图 2-1　Carroll 提出的企业社会责任金字塔模型

20 世纪 80 年代，以 Freeman（1984）为代表的学者在利益相关者理论中进一步阐释了企业社会责任。他认为，企业应该在更广泛的范围内考虑利益相关者的需求，任何对企业福利产生实质性影响或被影响的群体都应考虑到这一点，如图 2-2 所示。一些研究扩展了利益相关者理论的观点（Agle et al.，2015）。特别是，在 Jones（1995）的工具性利益相关者理论中，企业实施社会责任可以用作从某些利益相关者那里获得资源或支持的工具。例如，在政府看来，采用清洁能源的项目可能会提高公司的声誉，并吸引具有较高环保意识的新客户。

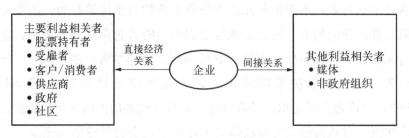

图 2-2　企业及其利益相关者

21世纪以来，研究人员进一步界定了企业社会责任及其范围。Hopkins（2007）将企业社会责任定义为以负责任的方式对待企业的利益相关者，这意味着企业社会责任需要被公民社会普遍接受。他将环境和经济责任纳入企业社会责任中。他还指出，更广泛的企业社会责任应在实现利润的前提下考虑公众的利益。Russell（2010）全面回顾了文献中关于企业社会责任的定义，她强调企业社会责任存在核心，学者可以基于这个核心从不同的角度定义企业社会责任。她还指出，企业社会责任本质上是不现实的，因为它需要企业以对社会和环境负责的方式应对广泛的利益相关者，而牺牲局部利益相关者的利益。

Russell（2010）从企业和社会群体的角度进一步讨论了企业社会责任的定义。她的结论是企业和社会群体对企业社会责任的尝试"更务实、更本地化、更注重可持续性"。此外，她指出，从业者对企业社会责任的诠释包含了更多可管理的视角，对企业社会责任实践的评价强调了负责任的行为。至于对可持续性的关注，van Marrewijk（2003）认为企业社会责任和可持续性是相同的，可以平等地应用（另见 Montiel，2008），他将这两个概念定义为企业为证明其对环境和社会的关注而实施的自愿活动。Blowfield et al.（2008）认为，似乎不太可能准确描述任何企业可能承担的各种责任。因此，企业不应该为社会责任寻求一个通用的方法，而是应通过考虑利益相关者的利益来制订自己的企业社会责任战略。Dahlsrud（2008）使用了涵盖企业社会责任五个维度的定义，并主张将这些维度作为企业社会责任的基本准则。根据 Werther Jr et al.（2010）的观点，在更广泛的社会背景下，企业应该承担社会可接受的责任。

综上所述，企业社会责任并没有一个统一的定义。但总的来说，企业社会责任的概念可以大致分为两类：广义的和狭义的。狭义的企业社会责任是指超越法律和经济责任的对社会的责任，以及对股东以外的所有利益相关者的责任；而广义的企业社会责任概念包括经济责任和法律责任，且法律责任在最底层，经济责任处于中层，社会责任在上层。Dahlsrud (2008)还得出结论，企业社会责任的定义不能为企业提供任何关于如何通过企业社会责任实践实现最大利益或如何在决策中平衡利益相关者之间的利益的概括描述。

2.1.2　企业社会责任实践测量

学者们为企业社会责任的实施制订了不同的衡量标准。在 Carroll (1979)提出的框架中，企业社会责任实践应包括经济实践（公司最基本的责任，包括保护公司和股东的利益）、法律实践（公司应遵守不同国家/地区的法律）、道德行为（企业应公平、公正，不能损害利益相关者的利益）、慈善行为（企业自愿进行的慈善行为）。Porter et al.（2006）区分了企业社会责任是否应该只符合社会期望或与追求社会和经济绩效的公司战略相联系。企业社会责任包括两类：响应性企业社会责任（responsive CSR），减少社会责任的负面影响并成为好公民；战略性企业社会责任（strategic CSR），通过促进社会发展来加强企业战略。Aguinis et al.（2013）将企业社会责任分为与企业战略、实践和运营相结合的嵌入式企业社会责任（embedded CSR），以及如慈善和志愿者活动等和企业运营无关的外围企业社会责任（peripheral CSR）。

一些国际组织也对企业社会责任实践进行了分类。例如，国际社会责任组织在 2001 年制定的 SA80000 标准中强调，供应商在提供产品时应注意企业社会责任标准的要求，涵盖强迫性劳工、童工、员工健康和生产安全、组织工会的自由和集体谈判的权利、职业歧视、惩戒性措施、劳动时间、报酬和管理体系这些方面。1990 年，摩根士丹利资本国际（MSCI）推出了 KLD 指数，衡量企业在七个领域的企业社会责任实践：社区、多样性、员工关系、环境、治理、人权和产品。国际标准化组织在 2010 年提出了 ISO 26000，包括组织治理、人权、劳工实践、环境、公平运营、消费者问题以及社区参与和发展。有趣的是，Zhu et al.（2016）基于 ISO 26000 的七类企业社会责任维度框架，为中国国有企业开发了"7＋2"个领域的企业社会责任实践，增加了政治责任和社会责任。

2.2 供应链层面企业社会责任领域文献综述

2.2.1 研究领域背景

供应链管理（SCM）的研究已经从关注经济和环境问题发展到社会问题（Brandenburg et al.，2015）。早在 20 世纪 80 年代，学者们就开始强调，识别和评估环境问题对提高企业社会绩效是必不可少的。随着 20 世纪 90 年代末"三重底线"的概念出现（John，1997），过去三十多年来，人们对企业社会责任的研究越来越多。此外，随着过去几十年全球供应链活动的扩张，新兴子领域或相关主题在该领域逐步演变，供应链层面管理的企业社会责任开始受到关注。在过去的几年中出现了越来越多的关于从供应链层面管理企业社会责任的研究，包括道德采购、供应链层面的企业社会责任测量、绩效影响、基于企业社会责任的供应链实践、企业社会责任绩效监控等。

而对从供应链层面管理企业社会责任的评述很少。例如，Raja et al.（2015）提出了一个概念性模型，通过分析社会问题、企业社会责任行动和绩效结果之间的相互作用，来评估可持续发展的社会维度及其对供应链的影响。此外，他们还指出，在这一领域，企业社会责任的社会方面得到的关注少于环境和经济方面受到的关注。其他研究集中在供应链中与企业社会责任相关的特定主题上。例如，Zorzini et al.（2015）回顾了社会责任的来源，并主张对这些问题进行理论扩展。Quarshie et al.（2016）采用内容分析的方法，对供应链层面现有的企业社会责任研究进行了检验和对比。Raja et al.（2015）做了关于企业社会责任金字塔的结构化文献综述，并将内容分析与可持续企业社会责任测量联系起来。Reefke et al.（2016）使用德尔菲法对可持续供应链管理领域的文献进行了分类。由于该结果是由专家直观评估的，这导致了内在主观性。总之，研究人员通过确定的研究主题强调了企业社会责任的重要性，但没有对供应链层面的企业社会责任领域进行全面和科学地描述。因此，本节旨在对如下方面进行研究：① 描述企业社会责任领域现有研究的知识框架；② 基于该领域的研究现状和差距构建理论框架。

供应链层面的企业社会责任领域已经发展了二十多年。随着全球化的发展，近十年来，供应链层面的企业社会责任变得越来越重要。研究不仅在数量上激增，而且在包括驱动因素分析（Meixell et al.，2015）、实践测量（Zhu et al.，2016）、供应商选择（Zimmer et al.，2017）和买方—供应商关系分析模型在内的多元化子领域激增（Roden et al.，2014）。本书采用严格的文献计量学方法对这一领域进行深入分析以提供一个完整的结构，评价结果也将对该领域未来的发展方向有所启发。与传统的结构化方法相比，文献计量学方法能够处理大量文章，构建研究主题的科学结构（Zupic et al.，2015）。它允许用户根据他们的书目数据分析文献的内部关系。本书还进行了共引文等网络综合分析，并确定了五个主要的研究聚类。这些聚类是通过算法识别的，为主题分类和当前的研究兴趣奠定了基础。更重要的是，文献计量学方法的分析结果有助于确定该领域的研究差距，并为后续章节指明研究框架。

2.2.2　文献综述方法和范围

结构化的文献综述可以处理大量不同的文献和方法，从而便于开展彻底、深入的分析和研究明确的文献关系（Raghuram et al.，2009）。Muris et al.（2010）提出了结构化文献综述的五步法。本书也采用这种结构化的文献综述方法进行文献收集和评述，以找出最具影响力的文献，并确定当前该领域研究点之间的不同，从而指导本书之后章节的研究。此外，本书采用文献计量学方法有如下三个原因。首先，与内容分析等其他文本分析方法相比，文献计量学方法能够更容易、更可靠地分析和处理数百篇文章。其次，文献计量学方法可以深入分析文章、引文、共引文和关键词之间的关系，从而得出结果来为之后章节提供全面的信息。最后，文献计量学方法有强大的可视化能力，有助于读者容易且清晰地确定他们未来在该领域的研究兴趣。

以本书的研究目标为指导，文献综述的范围涵盖了企业社会责任和供应链管理领域的交叉领域。已有文献通过文献计量学方法对绿色供应链管理进行了回顾（Fahimnia et al.，2015），本书扩展分析了供应链层面企业社会责任的社会问题。在描述该领域的研究结构时，我们将把 Fahimnia et al.（2015）的绿色供应链综述文章的结果与我们的研究结果相结合，使用与该主题相关的术语来搜索该范围内的文献。数据收集的关键词如下："corporate social responsibility（企业社会责任）""social issue（社会问题）""sustainability（可持续性）""business ethics（商业道德）""social accountability（社会责任）""supply chain（供应链）"。前三个关键词被选择最多，因为它们与企业社会责任高度相关，而选择"supply chain（供应链）"是因为它是我们供应链研究课题的另一部分。

基于这些关键词，生成如下五个组合作为搜索词：① corporate social responsibility and supply chain（企业社会责任和供应链）；② social issues and supply chain（社会问题和供应链）；③ business ethics and supply chain（商业伦理和供应链）；④ social accountability and supply chain（社会责任和供应链）；⑤ sustainability and supply chain（可持续性和供应链）。

由于企业社会责任在实践中包括了子类别，因此，本章采用了 ISO 26000 中的七个主题，以涵盖所有可能的相关文献。因此，在文献检索中包含了额外的组合，它们是① organizational governance and supply chain（组织治理和供应链）；② human rights and supply chain（人权和供应链）；③ labor practices and supply chain（劳动实践和供应链）；④ consumer issues and supply chain（消费者问题和供应链）；⑤ fair operations and supply chain（公平运营和供应链）；⑥ community involvement and development and supply chain（社区参与和发展与供应链）。

2.2.3　文献收集

1. *初始搜索结果*

首先，本书对文献的研究范围以英文出版物为主。其次，Scopus 数据库比 Web of Science 的覆盖面更广。更重要的是，它为下文的共引和共词网络分析提供了可用的文献计量数据，因此，它有助于描绘一个较小的研究领域，如本研究的新兴主题，即供应链层面的企业社会责任。因此，本章使用 Scopus 数据库进行文献检索。在 Scopus 数据库中使用"标题、摘要、关键词"进行搜索后，得到 3 034 篇文章。表 2-1 显示了每个搜索词的详细类别和搜索结果（已剔除关联性很弱的文章），每篇文章包含所有用于后续分析的可能信息，例如标题、作者、摘要、从属关系、关键词和参考文献等。使用"企业社会责任和供应链"的术语进行搜索，发现了 777 篇文章，剔除环境记录后，保留了 674 篇文章。在"可持续发展和供应链"方面发现了 2 515 篇文章，忽略了其中 1 604 篇关于环境方面的文章，保留了 911 篇文章。

表 2-1　初始搜索结果

搜　　索　　词	搜索结果 （文章数）/篇
corporate social responsibility and supply chain（企业社会责任和供应链）	674
social issues and supply chain（社会问题和供应链）	898
business ethics and supply chain（商业伦理和供应链）	126
social accountability and supply chain（社会责任和供应链）	56
sustainability and supply chain（可持续性和供应链）	911
ISO 26000 or six subjects (including organizational governance, human rights, labor practices, consumer issues, fair operation, community involvement and development), and supply chain［ISO 26000 或六个主题（包括组织治理、人权、劳工实践、消费者问题、公平运营、社区参与和发展）和供应链］	369
合计	3 034

2. 结果的改进

在表 2-1 中呈现的共 3 034 篇文献中，有一些文献需要在下一步之前被删除。首先，应该删除那些在多个类别中重复出现的文献。删除重复后，对 1 999 篇文献进行分析，并进一步细化以筛选那些没有作者姓名或缺少其他信息（如关键字和期刊）的文献。这些文献是出现在商业杂志上的非推荐文章和不被认为是严格的科学贡献的会议文章。其次，本研究的分析中不包括书籍、书籍部分和系列文章。在剔除这些文献后，保留了 628 篇期刊文献进行分析。我们在对文献细化和筛选过程中参考了以往的文献计量分析方面的相关文献（Fahimnia et al.，2015）。

3. 描述性分析

初始数据分析有助于获取文献的基本信息（Raja et al.，2015）。图 2-3 显示了供应链层面企业社会责任领域的文献发布趋势。1997—2000 年仅发表了 5 篇文章，2000 年以后为主要研究期，这与企业社会责任、绿色供应链管理、可持续性等概念或主题日益进入学术领域的实际情况一致（Raja et al.，2015）。该图显示了多年来课题研究进展的趋势。2000 年

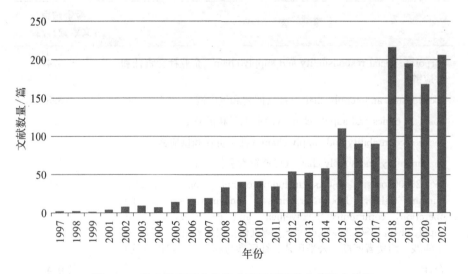

图 2-3　供应链层面企业社会责任领域的文献发布趋势

以后的研究期可分为 3 个阶段：① 从 2001 年至 2007 年的初始阶段；
② 从 2008 年至 2017 年的增长阶段；③ 从 2018 年至 2021 年的稳定阶段。
这表明随着文献数量的增加，学术界对供应链层面企业社会责任的关注度
不断提高（见图 2–3）。有趣的是，从 2018 年到 2021 年这 4 年的研究产出
占该领域文献总数的 56%，这个数量不仅反映了学者们对该领域的重视程
度在不断提高，也表明文献数量持续稳步增长。

2.2.4　文献计量分析

文献计量学方法提供了一种定量的方法来处理每个领域中急剧增加
的文献数量。此外，一些文献计量学方法工具，如科学绘图，更多地关
注研究的目的和模式（Zupic et al.，2015）。就研究深度而言，传统的结
构性文献综述方法可以比文献计量分析提供更多的见解。从研究广度来
看，文献计量分析可以综合处理现有的所有研究。它们不可替代，相互
补充。

本研究使用 Bibexcel 数据分析软件对数据进行处理。之所以选择
Bibexcel，是因为 Scopus 和 Endnote 的不同数据库要求对数据的输入和修
改具有高度灵活性。同时，之后的可视化阶段需要像 Gephi 或 Pajek 这样
的可视化工具，需要来自 Bibexcel 的可接受的数据格式。

1. 关键词分析

关键词分析使用文献中的关键词来构建该领域的语义图（Zupic et
al.，2015）。它是一种定量的方法，可以科学地发现子领域之间的联系，
并追踪这种趋势（He，1999）。使用 Bibexcel 对 628 篇文章的 5 581 个关键
词进行处理后，我们总结了最常用的关键词（见表 2–2）。供应链层面的
企业社会责任包括经济、社会和环境方面，因此出现了"可持续性"和
"可持续发展"等常用术语。有趣的是，"盈利能力"出现在名单上，这表
明供应链层面的企业社会责任问题的盈利能力是一个热门话题。此外，
"环境管理"也经常与供应链层面的企业社会责任一起被讨论，这突出了
企业社会责任中社会管理与环境管理之间的内在关系。另一个有趣的结果

是"利益相关者"被16篇文章用作关键词。这是由于供应链层面的企业社会责任涉及多个利益相关者，因此，需要平衡他们的利益。另外，中国等一些发展中国家的企业社会责任问题越来越受到关注。

表2-2　供应链层面的企业社会责任主题中最常用的关键词

关　键　词	频率/次	关　键　词	频率/次
corporate social responsibility (ies)（企业社会责任）	328	sustainable supply chain management（可持续供应链管理）	29
supply chain（s）（供应链）	203	environmental management（环境管理）	25
supply chain management（供应链管理）	153	social aspects（社会层面）	23
sustainability（可持续性）	113	risk management（风险管理）	19
sustainable development（可持续发展）	103	manufacture（生产）	18
sustainable supply chains（可持续供应链）	40	industry（行业）	17
business ethics（商业伦理）	38	environmental impact（对环境造成的影响）	17
economic and social effects（经济和社会影响）	37	competition（竞争）	17
corporate strategy（企业战略）	32	profitability（盈利能力）	17
decision making（做出决定）	30	stakeholder（利益相关者）	16

2. 引文分析

　　一篇文章的引用次数反映了该研究的被接受程度，被视为衡量文献影响力的重要指标。本地引用频率是指本研究分析的628篇文章中其他文章对一篇特定文章引用的频率。全球引用频率是指一篇文章被 Google Scholar 数据库中其他文章引用的频率。Google Scholar 数据库中的引文被选为我们的全局引文指标，因为它涵盖了包括 Web of Science、Scopus 和 Essential Science Indicators 在内的主要学术数据库。从技术上讲，本地引用和全球引用频率之间的差距表明了其他学科或领域的研究者所获得的关注程度。表 2 - 3 列出了所有 628 篇文章中被引用数靠前的 10 篇文章。表 2 - 3 的最右列反映了 Google Scholar 数据库中全球引用的次数。

表 2 - 3 供应链层面企业社会责任领域的前 10 篇被引文章

（单位：次）

作　　者	本 地 引 用	全 球 引 用
Carter et al.（2004）	29	529
Carter et al.（2002）	21	368
Seuring et al.（2008）	18	2 399
Roberts（2003）	18	450
Gold et al.（2010）	17	415
Carter et al.（2008）	17	1 727
Lindgreen et al.（2009）	15	476
Maloni et al.（2006）	15	666
Gold et al.（2010）	13	415
Maignan et al.（2002）	12	1 223

如表 2 - 3 所示，前两篇本地被引文章由 Carter 等人贡献。一个可能原因是 Carter et al.（2002，2004）通过实证调查讨论了企业社会责任中的采购和物流活动，这些调查发表在《商业物流杂志》（*Journal of Business Logistics*）上。Carter et al.（2002）研究了一个概念模型，用于识别供应商社会责任实践的驱动因素。他们的研究为该领域后续的实证研究奠定了基础。另一个可能的原因是该文章的热门研究集中在企业社会责任问题上，如合作、承诺和早期对供应链管理的信任。Seuring et al.（2008）从风险和生产过程的角度回顾了可持续供应链管理方面的文献，该领域的许多学者都引用了这一文献，同时它也是全球引用最多的文献。一个合理的原因为它是第一篇讨论供应链层面企业社会责任的文献综述。还可以发现，第二和第三篇全球引用率高的文章均发表于相对较早的年份。由此可以得出结论，文章需要较长的时间才能被所有领域高度引用。有趣的是，多数全球引用率高的文章，其本地引用率也相对较高。一个可能的解释是，该领域的研究人员一直紧跟研究趋势，因此，他们的有价值的文章可

以被同领域的研究者迅速引用，从而导致本地引用率很高。相比之下，其他学科或领域的研究人员对该领域并不熟悉，因此，他们倾向于引用一些较早但经典的出版物。此外，由于该领域具有不同的学科和期刊，因此研究人员之间较少相互引用。

2.2.5　网络分析

1. 共引分析

共引分析的概念最早由 Small（1973）提出。共被引分析可以衡量两篇不同文章之间的相关程度。当两篇文章共引一个或多个相同的参考文献时，就会发生共被引（Walter et al.，2013）。由于共引分析旨在根据被引参考文献找出文献关系，因此，可以通过共引分析确定特定领域的知识库。共引分析还能够探索可以但没有积极合作的作者之间的关系。这些作者的文章经常被其他人同时引用，这意味着这些作者的研究主题相似。此外，共被引分析可用于识别新兴研究课题，有助于把握该领域的研究前沿。然而，进行共被引分析的主要目的是确定过去几年讨论最多的研究主题。

在对 628 篇文章的所有参考文献进行初步筛选后，我们进行了共被引分析。共被引分析中使用了几个步骤（见图 2-4），这也适用于之后的共词分析。其被引分析应适当设置共同被引的阈值。如果一篇文章没有引用或引用率很低，则不适合纳入共被引分析。但是，如果在过滤中设置了过高的引用次数基准，则只有少数满足条件的文章才有资格进行共被引分析（Zupic et al.，2015）。因此，这里的过滤阈值设置为 4，以确保仅保留包含足够引文数据以供分析的被引文献，以及应将核心文档集限制在可管理的大小（Zupic et al.，2015）。过滤后，剩余 553 篇文章。在 Bibexcel 中生成的"．net"文件可以直接导入 Gephi 中进行共被引分析。为了在 Gephi 中更好地显示布局，可使用 Force Atlas 算法，考虑到其简单性和可读性，大多数研究人员推荐该算法（Fahimnia et al.，2015）。此外，在调整 Gephi（Jacomy et al.，2014）中的斥力、强度等特性后，图 2-5 反映了有 553 个节点的网络的 Force Atlas 布局。在图中，中心部分的节点表示它们与其他节点的连接较多，而边界部份的节点表示它们与其他节点的连接较少。

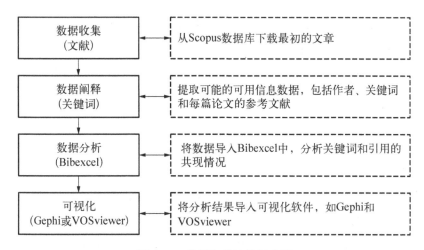

图 2-4 共引和共词分析步骤

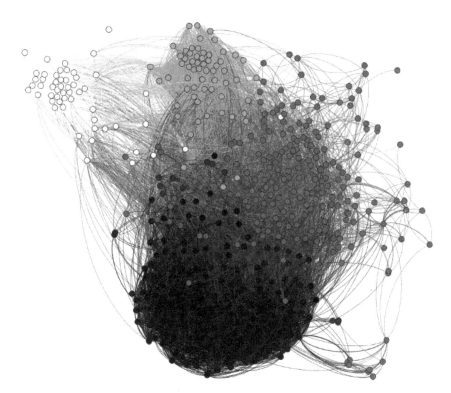

图 2-5 有 553 个节点的网络的 Force Atlas 布局图

共被引网络的密度为 0.086（见表 2-4）。0 密度值表示网络中没有共被引。如果一个网络的密度值为 1，则意味着该网络中的每个参考文献都被其他参考文献共同引用。平均路径长度为 3.16，一个单位长度的最短路径为 97 564 条，可见网络中存在比较紧密的同被引。此外，考虑到该网络有 553 个节点，所以拥有 97 564 条最短路径是合理的。

文献计量分析的最大优势是它可以识别子领域（Zupic et al.，2015）。网络的节点可以根据它们的边缘密度划分为不同的聚类（Clauset et al.，2004；Radicchi et al.，2004）。一个聚类可以被认为是一组连接良好的节点，其中每个节点都包含相似的信息。模块化提供了一种识别聚类的有效方法，已越来越多地被研究人员接受和使用（Zupic et al.，2015）。

采用 Louvain 算法的 Gephi 中的模块化值，生成模块化指数最大的五个最优簇（簇 1、2、3、4 和 5）（Bruns，2012）。结果显示（见表 2-4），节点数从聚类 5 的 54 个到聚类 3 的 251 个不等。模块化指数为 0.2，表明模块化关系显著且合理。

表 2-4　Gephi 中不同指标的取值

指　　数	数　　值	
网络密度（0，1）	0.086	
一组最远节点的编号	5	
平均路径长度	3.16	
最短路径数	97 564	
模块化（模块化指数为 0.2）	聚类 1	94
	聚类 2	79
	聚类 3	251
	聚类 4	75
	聚类 5	54

每个聚类中的文章被共同引用最多（Hjorland，2013）。鉴于这种牢固的关系，每个聚类都可以被视为一个共同的研究领域或主题。对于详细的内容分析，选择在 PageRank 指数中具有最高值的领先文章，并且将其表示为表 2-5 中的聚类。根据 Fahimnia et al.（2015）的说法，大多

数高被引文章也具有较高的 PageRank 值，这就是使用 PageRank 指数的原因。基于对研究内容和主题领域的深入评估，五个聚类可以分为四组主题。

表 2-5　基于共引 PageRank 测量的每个聚类中的热门文章

聚类 1	聚类 2	聚类 3	聚类 4	聚类 5
Zorzini et al. (2015)	Klassen（2000）	Roberts et al. (2002)	Svensson et al. (2008)	Tate et al. (2010)
Roca et al. (2012)	Falck et al. (2007)	Zhu et al. (2016)	Kiernan（2005）	Deegan et al. (2006)
Gugler et al. (2009)	Roman et al. (1999)	Daboub et al. (2002)	Rose（1999）	DeTienne et al. (2005)
Lozano et al. (2011)	Dowling (2001)	Roberts（1998）	Kaptein（2004）	Deega et al. (2002)
Cheng et al. (2008)	Jüttner et al. (2003)	Carte et al. (2003)	Maignan et al. (2001)	Wah（1998）
Roberts (2003)	King et al. (2001)	Robinson (2010)	Logsdon et al. (2002)	Brown et al. (1998)
Tallontire et al. (2011)	Kitazawa et al. (2000)	Awaysheh et al. (2010)	Sen et al. 2006）	Adams et al. (2007)
Foerstl et al. (2010)	Dong et al. (2001)	Lamberti et al. (2009)	Gilbert et al. (2007)	Braithwaite (2006)
Nishat Faisal (2010)	Cruz（2008）	Jennings et al. (1998)	Blowfield (2003)	Ross（2014）
Seuring et al. (2008)	Bhattacharya (2004)	Carter（2000）	Vilanova et al. (2009)	Chiu et al. (2015)

第 1 组是聚类 1，讨论了发展中国家的可持续采购、供应商可持续性和企业社会责任等主题。第 2 组是聚类 2，讨论了利益相关者驱动的企业社会责任实施，还讨论了发展中国家的可持续采购、压力、利益相关者和企业社会责任等主题。该聚类中的文章主要为对制度压力下企业社会责任实践的研究。如图 2-6 所示，核心企业（客户）因其品牌名誉而受到来自政府或消费者等利益相关者的压力，压力会进一步传递给企业社会责任风险较高的供应链成员。

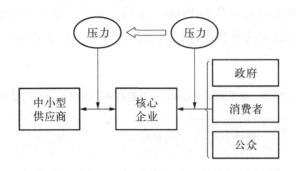

图 2 - 6　利益相关者在企业社会责任中的压力

聚类 3 和聚类 4 构成第 3 组，重点关注供应链层面企业社会责任中的供应商管理机制。例如，Pedersen et al.（2006）分析了宜家的全球供应链管理实践，概括了全球供应链中供应商管理的五种方式：惩罚、一致的企业社会责任目标、第三方参与、信任和声誉效应。惩罚是指一旦违反企业社会责任就结束与供应商的关系，一致的企业社会责任目标是指客户对供应商的企业社会责任实践进行补偿或奖励，第三方参与是指邀请第三方组织（如非政府组织）对供应商的企业社会责任履行情况进行审核，信任是指通过与供应商建立高度信任的关系来降低监控和绩效评估的成本，声誉效应是指通过告知供应商不负责任的行为来规范供应商的行为。Ciliberti et al.（2008）具体分析了发展中国家供应链成员的企业社会责任实践管理问题，并提出了几种管理工具，包括在正式合同中提出具体要求，监控供应商的企业社会责任实践以确保合规，并为中小型供应商的建设和培训提供支持。Seuring et al.（2008）根据文献回顾总结了公司在履行企业社会责任时为管理其供应商所采取的行动，这被许多研究人员所接受。具体来说，他们指出合规、沟通和供应商发展是客户在履行企业社会责任中管理供应商时采用的三种策略。

第 4 组是聚类 5，共 45 篇，关注供应链层面企业社会责任的披露和信息获取。总而言之，围绕供应链的企业社会责任研究主要是概念研究、理论研究和案例研究。一个有趣的结果是，2015 年出现了一些使用定量方法的文章（Wang et al.，2015；Wu，2015），突出了随着该领域的发展，定量研究文献增多的趋势。

2. 共词分析

共词分析是一种内容分析方法，它使用文档的关键词来获取一个领域的科学地图（Callon et al.，1983）。基于文档中出现的高频词，可以提取词背后的概念。它使研究人员能够直接使用文档的实际内容来获取共现关系以构建结构。基本上，典型的共词分析包括四个步骤（见图 2 - 4）。与共引分析类似，共词分析也会在不同关键词之间产生网络关系。大多数情况下，为了清晰直接地理解网络，研究人员会采用一些可视化工具来描述复杂的关系。在本书中，VOSviewer 因其生动的图表和与 Bibexcel 的数据兼容性而被考虑使用。

在分析过程中，密度可以作为衡量关键词之间相互作用强度的指标（An et al.，2011）。VOSviewer 具有强大的用户图形界面，方便研究人员生成地图（Cobo et al.，2011）。同时，在 VOSviewer 中使用 VOS 映射来生成二维图，以根据它们之间的距离反映两个元素的位置（Cobo et al.，2011）。总体思路是在迭代过程中使每对元素之间的欧几里得距离平方和的加权最小化。距离越近，密度值越高。根据密度值得到的热点图（见图 2 - 7）可用于可视化供应链层面企业社会责任的概念框架。热点图中，由内向外不同位置反映了不同的密度值。越靠近中心位置密度越高，表明该概念在该领域中使用更频繁。供应链层面企业社会责任的共词热点图如图 2 - 7 所示，三个主要部分很容易凭位置区分。第一个热点领域是关于企业社会责任的研究，第二个热点领域是关于可持续供应链的研究，第三个热点领域考察了企业社会责任的经济和社会影响。

共词分析的单位是关键词，这意味着阈值应该基于关键词在论文中出现的次数（Zupic et al.，2015）。我们有 4 915 个关键词数据。如此庞大的数据，导致很难得到好的清晰的聚类结果。出于这个原因，研究通常使用大约 200 到 500 个关键词来执行（Mariluz et al.，2009；Chai et al.，2012）。以 3 次作为文章中使用的最少次数为基准，共识别出 256 个关键词。下一步会将关键词分配给不同的聚类。

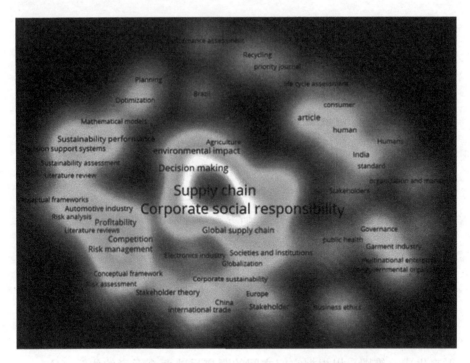

图 2-7　供应链层面企业社会责任的共词网络的热点图

　　Gephi 中的 Force Atlas 算法生成了五个聚类。聚类 1 主要介绍了供应链层面企业社会责任的基本概念和边界。聚类 2 和聚类 3 通过使用几种不同的工具或方法来衡量和评估供应链层面的企业社会责任。聚类 4 试图将企业社会责任描述为可持续发展的一个子领域。聚类 5 指出了该领域的主要研究工具和未来可能的研究方向。为了确定 5 个聚类的研究重点，研究进行了更详细的聚类标记过程，结果如表 2-6 所示。

表 2-6　供应链中 5 个企业社会责任聚类的关键词

聚 类 1	聚 类 2	聚 类 3	聚 类 4	聚 类 5
社会和环境	社团和机构	环境经济学	可持续性	做决定
企业社会责任	战略规划	环境分析	行为准则	数学模型
概念框架	环境和社会影响	社会影响	服装行业	风险分析
供应链管理	法律法规	消费者	认证	变分不等式
利益相关者理论	治理	生命周期评估	中国	盈利能力

续表

聚类 1	聚类 2	聚类 3	聚类 4	聚类 5
买卖双方关系	供应链	人权	健康和安全	公共政策
中小企业	纺织工业	调查	跨国公司	博弈论
文献评论	规定	劳务移民	合作	优化
可持续供应链	产品控制	建造业	非政府组织	商业模式
供应商管理	营销	公共卫生	工作环境	多标准优化

　　第 1 组是聚类 1，揭示了该领域的理论探索过程。结果表明，不同观点的研究人员努力解释了该聚类中的企业社会责任因素，其中包括"社会与环境""概念框架""文献评论""利益相关者理论"等主要关键词。本聚类文章试图阐释企业社会责任的维度，划定企业社会责任的边界。然而，该小组的研究很少关注将企业社会责任扩展到供应链。从地理角度来看，该聚类中文章的作者来自世界各地。

　　第 2 组是聚类 2。该组中的文章主要集中在政策和战略层面。"法律法规""战略规划""社团和机构"是常用的关键词。供应链层面企业社会责任考虑了利益相关者（如供应商、客户、员工和社区）的利益。因此，需要政策制定者和企业高层管理人员的支持。此外，为了成功地在供应链层面推广企业社会责任实践，需要平衡经济和社会绩效。

　　第 3 组包含聚类 3 和聚类 4。与第 1 组和第 2 组相比，第 3 组的文章主要研究供应链层面企业社会责任对绩效的贡献。该组中出现的大部分关键词是"环境分析""社会影响"。除了在企业社会责任方面激励供应商外，对供应链层面企业社会责任的研究还关注通过企业社会责任实现的客户绩效。已有研究广泛讨论了企业社会责任实践是否有助于绩效改进，特别是关于企业社会责任与财务绩效的关系（Cochran et al.，1984；McWilliams et al.，2000；Nelling et al.，2009；Cavaco et al.，2014）。许多研究认为，企业社会责任的实施会带来额外的成本——企业社会责任的实施与财务绩效之间存在负相关关系（Vitaliano et al.，2006；Acquier et al.，2017）；也有研究认为，企业社会责任的实施提高了管理效率、员工积极性和社会声誉，从而促进了财务绩效（Orlitzky et al.，2003；Montabon et al.，

2007;Cai et al.，2012）；其他一些研究指出，企业社会责任实践与财务绩效之间没有显著关系或非线性关系（Mackey et al.，2007；Nelling et al.，2009；Nollet et al.，2016）。

最后1组是聚类5，侧重于研究方法。经常使用"风险分析""博弈论""优化"等术语。聚类1和聚类3的实证研究和案例研究近年来受到了研究人员的高度关注。定量分析可以更好地评估和衡量性能改进结果。然而，该组中有20个关键词出现的频率较低，表明该领域的规范建模和优化相对有限。

四组的四个主题如表2-7所示，聚类3、聚类4和聚类5的论文相对较少，这表明当前对这三个聚类的企业社会责任研究仍处于起步阶段。如何衡量供应链中企业社会责任的绩效改进结果以及平衡和优化不同绩效需要更多的研究。

表2-7　基于关键词的供应链层面的五个企业社会责任聚类的研究重点

组　　别	节点数/个	研　究　重　点
聚类1	79	理论概念发展
聚类2	114	企业社会责任战略的设计与规划
聚类3和聚类4	43	绩效评估和测量
聚类5	20	风险识别与数学建模和优化

2.2.6　供应链层面企业社会责任领域的研究空白

从文献回顾来看，供应链层面企业社会责任正在演变为一个热门的研究领域。628篇文章的发表年限表明，供应链层面的企业社会责任逐渐引起了学术界的关注。具体而言，在过去十多年中，这一新兴领域的文章数量急剧增加，这与企业社会责任和可持续供应链管理的全球趋势一致。当然，从文献回顾的结果中也可以发现一些研究空白。

1. 供应链层面企业社会责任实践的动机

该领域的研究卓有成效地讨论了国际领先公司如何在管理其全球供

应链层面企业社会责任实践方面做出的努力。关于供应商企业社会责任实践动机的文献主要讨论了供应商管理，例如 Seuring et al.（2008）强调客户在供应商管理中采用合规、沟通和协作策略。然而，研究人员在下一步并未调查供应商，尤其是关于那些违反企业社会责任的风险高的供应商如何更好地应对客户压力。换句话说，供应链层面企业社会责任实践的努力能否得到客户的青睐仍不确定。而且在客户压力下进行企业社会责任实践是否会受到发展中国家中小型供应商的内在能力的影响，这点仍不清楚。

2. 通过企业社会责任为客户创造价值

从文献来看，企业社会责任实践与财务绩效关系的研究大多基于成本收益分析的视角。核心企业实施企业社会责任的动机是获得合法性。大多数企业履行企业社会责任实践是自愿的（Young et al.，2014），目的是为了获得合法性，从而进一步追求价值创造。也就是说，企业社会责任的实施满足了利益相关者对社会责任制度规范的期望。获得企业社会责任合法性的动机促使核心企业通过对其运营和供应链管理采用认证来展示他们在企业社会责任方面的努力。

采用企业社会责任认证的行为将得到那些期望公司以对社会负责的方式运营的利益相关者（包括股东）的回报。因此，需要从合法性的角度进行研究，考察核心企业的企业社会责任行为，如采用认证等是否提高了其市场价值。

2.3　理论框架

围绕供应链层面企业社会责任问题的研究出现在 20 多年前（Holt，2004）。为了了解如何推动企业社会责任实践的实施，研究人员开发了各种工具、框架和方法（Köksal et al.，2017）。Tate et al.（2011）认为，围绕供应链层面的企业社会责任管理实践始于不同利益相关者的外部压力。在这些利益相关者中，客户非常重要，因为在供应链中存在正式的经济合同，并且只有在其产品被下游客户"接受"的情况下，运营才是合理的（Baden et al.，2009）。当核心企业受到客户压力时，它通常会将这种客户压力转嫁给其供应商。因此，供应商进行企业社会责任实践对于供应链的整体企业社会责任改进至关重要。从风险分析的角度来看，推动供应商履行企业社会责任也具有重要意义。Kähkönen et al.（2016）和Lintukangas et al.（2016）认为，核心企业应激励供应商进行企业社会责任实践，以避免来自供应链的风险。根据 Lintukangas et al.（2016）的说法，全球供应链管理中的一个重大企业社会责任风险来自上游供应商，尤其是来自发展中国家的中小型供应商。

2.3.1　供应链的动态能力和企业社会责任的履行

除了实施企业社会责任对供应链成员非常重要以外，研究人员还强调，供应链成员所拥有的受限能力也会影响他们的企业社会责任参与程度（Allan Lerberg et al.，2006）。

动态能力自 Teece et al.（1997）提出以来，吸引了众多学者的研究兴趣。Teece et al.（1997）将动态能力视为企业自我更新以适应环境快速变化的能力。此后，关于动态能力定义的一些争论仍然存在。表 2-8 列出了不同的定义。从表中可以看出，动态能力是企业基于资源基础观（RBV）构建的专有且难以复制的资产。动态能力将 RBV 扩展到动态和不断变化的市场，因为传统的 RBV 无法正确解释特定企业如何以及为何在快速变化和不可预测的环境中获得竞争力（Eisenhardt et al.，2000）。事实上，出口企业是典型的在其全球市场中遇到来自出口国的更多不确定性和变化的企业。因此，这些企业的动态能力对于他们的实践改进是绝对重要的。文献还表明动态能力是全球市场的一个关键因素（Teece，2007）。

供应链管理可以整合供应链上的企业，以更好地抵御市场风险和不确定性。供应链中的动态能力反映了供应链对快速变化的市场做出反应的能力（Beske，2012）。供应链面临的不确定性越高，企业对环境做出反应的难度就越大。Defee et al.（2010）将供应链中的动态能力定义为跨组织活

表 2 - 8　动态能力的定义

作　者	定　义
Teece et al.（1997）	企业整合、构建和重新配置内部和外部竞争力的能力，以应对快速变化的环境
Eisenhardt et al.（2000）	公司使用资源的流程，尤其是整合、重新配置、获取和释放资源，以匹配甚至创造市场变化
Zahra et al.（2006）	以其主要决策者设想并认为适当的方式重新分配公司资源和日常事务的能力
Zollo et al.（2002）	以其主要决策者设想并认为适当的方式重新配置公司资源和常规事务的能力
Helfat（2007）	组织有目的地创建、扩展或修改其资源基础的能力
Barreto（2010）	公司系统地解决问题的潜力，通过其感知机会和威胁的倾向，及时做出面向市场的决策以及改变资源基础形成

动的学习模式，它有助于创建新的静态能力或修改多个跨供应链成员的现有能力。在他们的模型中，知识获取和共同发展被作为两种来分析培养可持续竞争优势机制的动态能力。Esper et al.（2007）强调从物流视角研究动态能力，并将物流能力分为五类：以客户为中心的能力、供应链管理能力、集成能力、测量能力和信息交换能力。Agarwal et al.（2014）展示了协作组织需要管理用来创造竞争力的五种动态能力，它们分别是创业警觉性、协作敏捷性、客户参与、协作创新能力和协作组织学习能力。此外，随着可持续性概念的发展，Beske（2012）和 Beske et al.（2014）从可持续供应链的层面讨论动态能力，并将其分为五种能力：知识获取、供应链合作伙伴发展、共同发展、响应性供应链控制和供应链重建。我们在文献的基础上开发了五种动态能力，并在实证阶段将它们与企业社会责任实践相结合，这意味着这五种能力只是针对企业社会责任实践改进的能力。尤其是这五种动态能力被认为是动态能力的重要组成部分，在本质上是相互支持的。各种动态能力之间相互影响。例如，知识获取可能会影响共同发展。研究人员强调，具有较高动态能力的公司更能响应客户的需求，因为高动态能力使公司能够有效地重新配置资源、与客户合作等。

2.3.2　制度合法性理论与企业社会责任认证

企业社会责任的履行本质上是自愿的（Young et al.，2014）。对于客户而言，对供应链成员施加压力以实施企业社会责任可以降低来自供应链的风险。除了规避风险外，研究还指出，创造价值对于供应链层面的企业社会责任中的客户也很重要（Hart et al.，2003）。从以前的文献来看，通过采用认证获得合法性可能是公司实现价值创造的一种方式（Sine et al.，2007）。获得企业社会责任认证标志着客户在供应链层面开展企业社会责任管理的合法性有两个方面。第一，它能证明客户建立了一个标准系统（Christmann et al.，2006），以开展供应链层面的企业社会责任管理。第二，它向利益相关者展示了客户在企业社会责任方面的合法性。公开企业社会责任认证可减少客户与外部利益相关者之间的"信息不对称"（King et al.，2005），提高前者的企业社会责任管理工作的合法性，从而获得后者的认可。如此一来，客户通过企业社会责任认证就带来了市场价值提升方面的价值创造。

制度理论根据通过相关认证获得企业社会责任的合法性延伸，认为企业所在机构的合法性会影响企业社会责任认证的表现（Zimmerman et al.，2002）。具体来说，研究人员强调，有两种类型的机构合法性会影响获得企业社会责任认证的财务绩效（Sine et al.，2007）。第一类是社会政治合法性，它被定义为政府机构和公众等主要利益相关者接受企业共同信念的程度（Sine et al.，2007）。本研究选择与政府的关系作为获得社会政治合法性的来源，因为政府可能是影响企业社会责任行为的最关键参与者。第二类是认知合法性，它被视为对于公司作为一个群体的行为的认知程度是普遍的（Aldrich et al.，1994）。企业对于其可持续性实践与社会群体保持一致的沟通，可以通过加强企业的认知合法性来提高企业的接受度。本书通过结合社会政治合法性和认知合法性因素的影响来推进关于认证—绩效联系的认识。图 2 - 8 显示了本书的理论框架。

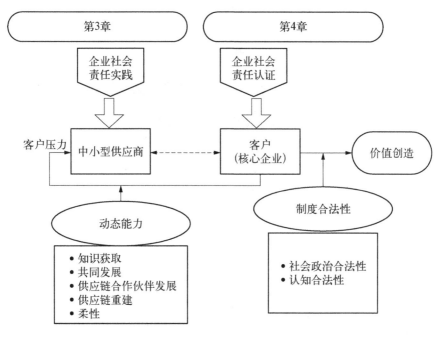

图 2-8　理论框架

2.4　本 章 小 结

本章介绍了企业社会责任的概念、范围和实践衡量。此外,通过使用文献计量分析和内容分析方法,对供应链层面企业社会责任领域的研究进行了详细的文献综述。从文献综述中,构建了一个供应链层面的企业社会责任的理论模型,该模型考虑了供应链成员的动机和为客户创造的价值。

第3章

客户驱动的企业社会责任在
中小型供应商中的实施

3.1 实 施 背 景

对于规模较大的公司，尤其是那些供应链中的大客户，比如苹果公司，他们会因为供应商的企业社会责任问题而受到指责（Plambeck et al.，2012）。因此，大客户对其中小型供应商施加了越来越大的压力，以激励他们履行企业社会责任（Tong et al.，2018）。遗憾的是，这种激励的有效性似乎有限，而且在中小型供应商中企业社会责任的履行水平仍然较低（Baden et al.，2009）。一个可能的原因是一些中小型供应商缺乏必要的能力（Allan Lerberg et al.，2006）。另外一个可能是其他能力更高的供应商能更好地进行企业社会责任实践。

研究表明，供应链上企业社会责任的风险主要来自中小型供应商（Baden et al.，2009）。对于中小型供应商来说，他们虽然感受到来自客户的压力，但很少参与企业社会责任实践（Torugsa et al.，2012）。Allan Lerberg et al.（2006）研究发现，中小型供应商所拥有的有限的内在能力会影响其企业社会责任的参与水平。因此，动态能力是推动中小型供应商实施企业社会责任的潜在因素（Arend，2013）。此外，由于来自客户的压力越来越大，中小型供应商已经意识到动态能力对履行企业社会责任的重要性（Wu，2017）。在中小型供应商企业社会责任履行的背景下，动态能力是指中小型供应商重新配置与企业社会责任相关的资源，以响应客户需求不断变化的能力（Beske，2012）。基于之前的文献（Beske et al.，2014；Eriksson et al.，2014），中小型供应商在与客户就企业社会责任履行的不同合作中，识别并开发了动态能力的五个维度，包括知识获取、共同发展、供应链合作伙伴发展、供应链重建和灵活性。为探讨在客户压力下中小型供应商开展企业社会责任实践的激励机制，本书基于动态能力理论，构建了一个概念模型，引入动态能力作为影响客户压力与企业社会责任实践关系的调节因子。通过对 333 份中国中小型供应商调查数据的回归分析，我们发现动态能力对客户压力与企业社会责任实践之间的关系有显著的调节作用。

3.2　概念模型和研究假设

3.2.1　概念模型的建立

从意识—动机—能力的角度来看，企业的活动通常受到参与意识、动机和执行能力的影响（Chen et al.，2007）。在企业社会责任实践研究中，企业首先要有参与和企业社会责任相关的活动的意识，这意味着企业要意识到企业社会责任的重要性。其次，企业应该有参与和企业社会责任相关的活动的动机，这意味着在企业社会责任履行的过程中，应该有适当的来自企业内部或外部的驱动因素，如客户压力。进行企业社会责任实践的最后一个条件是企业能力。一个企业处理与社会责任相关的活动的能力越强，就越能应对来自客户的压力。

1. 客户压力和企业社会责任实践

企业社会责任的履行是将环境和社会管理纳入组织间和组织内部的实践（Capelle-Blancard et al.，2015）。作为一项对中小型供应商社会责任实践的全面初步的调查研究，我们旨在全方位探讨中小型供应商的企业社会责任实践，并使用 ISO 26000 框架来构建企业社会责任结构。该框架考虑了不同的利益相关者，包括员工、客户、社区、竞争对手和环境。与其他企业社会责任实践分类相比，ISO 26000 框架更严格、更完整，并且它已经成为企业，尤其是中小型供应商普遍接受的国际标准（Moratis，2016）。继 Valmohammadi（2014）等现有研究之后，我们也采用了 ISO 26000 结构，包括组织管理、人权、劳工实践、环境、公平运营、消费者问题及社区参与和发展（Balzarova et al.，2012）。

客户施加压力以激励供应商进行企业社会责任实践（Baden et al.，2009；Zhu et al.，2015；Marshall et al.，2016）。例如，为合同中的劳工实践保证一个较高的企业社会责任实施水平（van der Valk et al.，2011）。虽然企业社会责任是具有挑战性的问题之一，但在已有研究中相关文献仍然较为分散，并缺乏对企业社会责任履行的决定因素的定量研究（Feng et al.，2017）。此外，客户压力与履行企业社会责任之间存在调节关系的因素（Delmas et al.，2004）。其中，动态能力是在客户压力下促进企业社会责任实践的重要因素（Chakrabarty et al.，2012）。

2. 中小型供应商开展企业社会责任实践的动态能力

根据 Teece et al.（1997）的研究，动态能力是指有助于适应、整合和重新配置内外部资源及技能以适应不断变化的环境的能力。由于动态能力能够在外部压力下触发企业社会责任的实施，因此，被越来越多中小型供应商所强调和重视（Baker et al.，2014）。作为企业的一种核心能力（Ambrosini et al.，2009；Easterby-Smith et al.，2009），动态能力被视为中小型供应商增强其企业社会责任实践的关键因素（Teece，2007）。

近年来，动态能力已经与供应链管理联系起来，以反映供应链对市场快速变化的反应能力（Beske et al.，2014）。从供应链的层面来看，动态能力是指那些在企业社会责任实践中帮助中小型供应商与其他供应链合作伙伴协作的能力。中小型供应商会在客户的要求下履行企业社会责任。中小型供应商具有动态能力，可以更好地与客户合作，以应对客户压力。随着企业社会责任概念的出现，不少学者从供应链层面讨论了企业社会责任的动态能力，并将其分为五种能力，分别是知识获取、共同发展、供应链合作伙伴发展、供应链重建和灵活性。我们使用这五种动态能力，根据现有的文献并考虑企业社会责任实践在中小型供应商中的特殊性来定义它们。

（1）知识获取（KA）是组织共享其当前知识资源的能力（Defee et al.，2010）。它包含获取、理解其他组织知识的能力（Beske，2012）。关于中小型供应商之间与企业社会责任相关知识的获取情况，是指中小型供应商能够与客户共享或获取与企业社会责任相关知识的能力，例如从客户那里学习到一套新的企业社会责任管理系统。

（2）共同发展（CoD）是一种能够通过协作产生新的协同资源的能力（Beske et al，2014）。供应链成员必须共同成长，保持利益和目标一致。在企业社会责任实践方面，中小型供应商需要有向客户学习或与客户合作的能力，以创新企业社会责任举措，如劳工实践、负责任采购和改善工作条件。

（3）供应链合作伙伴发展（SCPD）是指供应链中所有成员同时发展的能力，因此，它通常对供应链中最弱的成员更为关键（Beske et al.，2014）。从长远来看，企业社会责任的实施要求中小企业作为合作伙伴参与进来。反过来，中小型供应商通常被视为供应链中的薄弱环节，需要通过与客户的长期密切合作来提高这种能力。

（4）供应链重建（SCRe）是指将新的参与者纳入供应链的能力（Beske，2012）。例如，中小型供应商可以要求第三方的审核和认证，这可以帮助中小型供应商有效地加强其企业社会责任实践，从而可能吸引或发现新的客户。

（5）灵活性（Flexi）是指持续不断地检查和评估商业实践与应对商业环境变化的能力（Beske，2012）。例如，中小型供应商应该具备快速收集和评估企业社会责任实践的信息并对潜在的风险做出反应的能力。

此外，本书还开发了后一节中使用的关于动态能力的五个题项，以考量与企业社会责任相关的实践情况（问卷中使用的项目在附录 2 中列示）。

3. 概念模型

文献综述表明，在客户压力下，动态能力对企业社会责任的实践具有重要的激励作用。具体而言，五种动态能力倾向于正向影响客户压力与中小型供应商企业社会责任实践之间的关系。根据文献（Withisuphakorn et al.，2016），经营时间较长的企业有望在企业社会责任实践方面拥有更多的管理经验和能力。从这个角度来看，我们控制了中小型供应商的经营年限。此外，企业规模、行业和所有权也受到控制，这些是影响回归结果的常见因素。因此，我们开发了一个概念模型来假设动态能力是客户压力和企业社会责任实践之间关系的调节者，模型有四个控制变量（见图 3-1）。

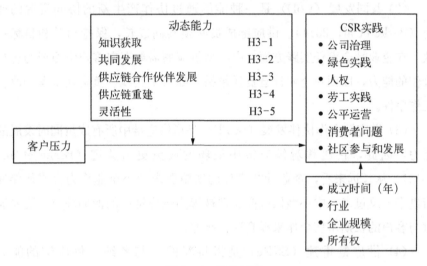

图 3-1　概念模型

3.2.2　研究假设

知识获取（KA）是指在双方或多方之间获取、理解和共享知识的能力（Grant et al.，2004）。KA 将受益于供应链成员之间的知识共享，而不是指获取或吸收供应链以外的知识（Hamel，1991）。企业社会责任实践管理等能力被视为组织拥有的基于知识的资产（Mowrey et al.，1996），由于实现路径的独特性，它被证明是难以学习的（Berman et al.，2002）。然而，通过知识获取，在供应链中的企业可以共享和内化供应链成员已经拥有的独特的企业社会责任实践方面的知识。这可以在很大程度上帮助企业适应潜在的环境变化，提高供应链的整体稳健性。KA 对于中小型供应商进行企业社会责任实践尤其重要（Fang et al.，2005）。例如，其较大的供应链合作伙伴鼓励中小型供应商通过接收技术或管理知识来提高其企业社会责任的实践能力，如绿色实践和劳工实践。因此，这种动态能力可能有助于中小型供应商以一种更有效的方式进行企业社会责任实践。随着知识获取能力的增加，对从新市场（如消费者规范和信念的变化）感受到压力的中小型供应商来说，就会更容易主动地进行七种企业社会责任实践。因此，我们提出了第一个假设。

假设 3-1（H3-1）：知识获取（KA）正向调节客户压力与中小型供应商企业社会责任实践之间的关系。

共同发展（CoD）允许通过供应链成员之间的合作来开发和提升新的供应链能力（Berman et al.，2002）。与知识获取不同，共同发展是指跨业务协同（Eisenhardt et al.，2000），它更强调通过连接供应链成员之间的网络来创造新的供应链能力（Defee et al.，2010）。例如供应链成员之间的定期会议等工具可以加强沟通，有助于形成合作伙伴关系，并再次确保供应链成员正在朝着相同的目标前进（Gabriela et al.，2010）。新的供应链能力的开发和提升提高了供应链伙伴的整体效率。对于与环境和劳工实践相关的企业社会责任实践，所有成员中共同发展程度较高的供应链可以更有效地响应客户的企业社会责任要求。Beske et al.（2014）从理论上回顾了动态能力和供应链社会责任之间的关系，并发现它们之间高度关联。由于中小型供应商在技术和管理开发方面的独立性较低，因此，通过共同发展来与供应链合作伙伴进行整合和协同的需求比大企业更迫切。通过与供应链伙伴合作增强新能力，如绿色材料的技术开发，中小型供应商可以更好地应对客户的要求。因此，我们提出了第二个假设。

假设 3-2（H3-2）：共同发展（CoD）正向调节客户压力与中小型供应商企业社会责任实践之间的关系。

与共同发展相比，供应链合作伙伴发展（SCPD）更强调供应链中的长期合作伙伴发展（Laura et al.，2009）。追求供应链合作伙伴发展是因为供应链的整体成功可能局限于最薄弱环节的能力。因此，在一个协作的供应链中，所有参与伙伴之间必须建立信任和信守承诺，以提高整体能力。Bill et al.（2004）指出，与他们的大客户相比，由于供应链中各企业能力不同，中小型供应商与客户建立合作关系的能力非常有限。对于中小型供应商来说，首先要做的，不仅是通过在供应链中与企业社会责任相关的检查和审计，还要提升能力并发展长期的合作伙伴关系。中小型供应商要有动力通过与客户的长期合作和建立信任来发展供应链合作伙伴关系，因为这可以更好地帮助自身在客户压力下实施七项企业社会责任实践。在此基础上，我们提出了第三个假设。

假设3-3（H3-3）：供应链合作伙伴发展（SCPD）正向调节客户压力与中小型供应商企业社会责任实践之间的关系。

此外，供应链重建（SCRe）指的是供应商和客户之外的其他利益相关者，如政府机构、非政府组织和社区的参与。为了让更多的利益相关者参与决策过程，企业可以通过与他们合作获得形成和重新配置资源的特定路径。此外，这可以内化为供应链成员的隐性互动或关系资本（Agarwal et al.，2014）。非政府组织可以提供产品或过程认证来监督企业社会责任，这也可能有助于应对客户压力（Maloni et al.，2006）。从这个意义上说，供应链重建将增加供应链的抗风险能力，并创造新的资源来提高供应链的稳健性。面对更多的来自外部的不确定性和风险，中小型供应商似乎对供应链重建更加谨慎。中小型供应商对其利益相关者的决策影响有限，因此，他们可能依赖于他们的大客户将这些利益相关者（如非政府组织）纳入供应链中。因此，供应链重建的强大能力将提高中小型供应商应对商业环境变化的能力。因此，我们提出了第四个假设。

假设3-4（H3-4）：供应链（SCRe）重建正向调节客户压力与中小型供应商企业社会责任实践之间的关系。

如果缺乏灵活性（Flexi），供应链内部的变化可能会受阻（Duclos et al.，2003）。在供应链成员之间，一个在机器、劳工、运营管理或技术方面具有高度柔性的系统，可以确保信息共享和沟通的效率与有效性（Bai et al.，2017）。例如，一个灵活及反应迅速的IT系统可使所有供应链企业及时对供应链内的任何变化做出反应。来自最终消费者的企业社会责任要求必须及时准确地向供应商、制造商和其他供应链成员传达。因此，灵活的系统将在很大程度上使企业能够在外部不可预知的压力下更好地实施企业社会责任实践（Peter et al.，2015）。特别是对于中小型供应商来说，复杂性更高的业务环境要求提高整条供应链的灵活性（Palma-Mendoza et al.，2015)，从而快速响应客户对其企业社会责任实践施加的压力。因此，我们提出最后一个假设。

假设 3 - 5 (H3 - 5)：灵活性（Flexi）正向调节客户压力与中小型供应商企业社会责任实践之间的关系。

3.3 数据和方法

3.3.1 题项开发

我们根据理论、文献综述和现场访谈的结果，制订了调查问卷。根据之前的研究（Zhou et al.，2014），我们开发了五个测量客户压力的题项（详见附录 2）。客户压力的测量标准包括来自客户的企业社会责任要求，这可能体现在中小型供应商和客户之间的正式协议中。这些项目按照 5 分制来衡量，1＝完全不同意，2＝部分不同意，3＝不确定，4＝部分同意，5＝完全同意。

正如 3.2 节所讨论的，我们基于 ISO 26000 框架开发了企业社会责任实践题项。ISO 26000 框架是国际上最知名的企业社会责任标准，在之前的文献（Zhu et al.，2016）和其他研究（Lee，2014）中被采用。因此，实践题项考虑了企业社会责任的广泛利益相关者，包括如下七个类别：① 组织管理；② 人权；③ 劳工实践；④ 环境；⑤ 公平运营；⑥ 消费者问题；⑦ 社区参与和发展（Balzarova et al.，2012）。所有的实践题项如附录 2 所示。使用 5 分制来评估这些项目：1＝不考虑；2＝考虑和讨论过，但不确定是否会实施；3＝已经计划要实施；4＝已经开始实施；5＝成功执行。

测量动态能力的题项和量表是在研究文献的基础上制订的（Anand et al.，2009；Sarkis et al.，2011）。针对五个动态能力，共制订了十个题项。这些项目以 5 分制进行评估，打分标准是基于受访者的同意水平：1＝完全不同意，2＝部分不同意，3＝不确定，4＝部分同意，5＝完全同意。

3.3.2 数据收集

问卷调查是在典型的出口导向城市——温州收集的。在温州，企业社会责任对于全球供应链管理至关重要。温州位于中国浙江省，以其活跃的商业营销环境而闻名，尤其是出口业务。主要的出口企业是原始设备制造商，以及生产鞋子、服装、眼镜、汽车配件和摩托车零部件的企业。据统计，温州市 2017 年 1—9 月的进出口产值占工业总产值的 41.7%；此外，79%的工业增加值是由中小型供应商创造的①。因此，我们对位于温州市的中小型供应商进行调查。

为了了解温州的真实情况，2015 年 1 月，我们在当地一所大学——温州大学的帮助下，对六家公司进行了实地走访，并对这六家公司的总经理进行了访谈。在实地考察的基础上，编制了一份调查问卷。初始调查问卷由所有总经理和六名企业社会责任管理领域的当地学者进一步检查，其中，四名学者来自两所当地大学，一名来自当地研究所，另一名来自当地政府。根据六家公司的总经理和当地学者的建议和意见，最终确定了问卷。在当地行业协会和市进出口协会的帮助下，我们获得了企业名单，并随机抽取了 500 家企业作为我们的目标样本。当地代表帮助我们获得了这些企业的联系方式。问卷通过电子邮件或面对面访谈的方式发放。问卷收集时间为 2015 年 3 月至 8 月。共发放问卷 391 份，回收可用的问卷 333 份（有效率为 85.17%）。受访者是制造企业的总经理或与企业社会责任管理相关的经理。由 333 个可用的回复可知，这些企业的员工数量从 5 人到 300 人不等。共有 223 家私营企业，21 家国有或外资企业，其余 89 家没有报告所有制结构。这 333 家企业的平均经营时间为 16.4 年，从 1 年到 30 年不等。

3.3.3 因子分析

作为对中小型供应商企业社会责任实践的初步研究，本书首先运用探

---

① 数据来源：温州市统计局，http://wztjj.wenzhou.gov.cn/art/2018/3/20/art_1243860_16299014.html.

索性因子分析（EFA）研究客户压力、企业社会责任实践和动态能力。最常用的方法是主成分分析，然后采用 Kaiser 归一化法的正交旋转法，提取客户压力、企业社会责任实践和动态能力的理论因子。附录 2 附表 2-1 的 EFA 结果显示了客户压力题项的因子载荷情况。客户压力（以下标记为 CP）Cronbach 的 α 值的可靠性为 0.908。

附录 2 附表 2-2 的 EFA 结果显示了企业社会责任实践题项的因子载荷量，表明了企业社会责任实践的四个因子。如前所述，根据 ISO 26000 框架，企业社会责任实践包括七个维度。然而，EFA 结果（见附录 2 附表 2-2）表明，七个维度应根据因子载荷量分为四个因子。具体来说，人权、劳工实践、公平运营和消费者问题被归为员工和供应链合作伙伴（ESC）实践的一个因子。因此，将企业社会责任实践的四个因子分别定义为公司治理（CG）、绿色实践（GP）、ESC 和社区参与（CI），它们解释了 67.87% 的固有偏差，其中 Cronbach 的 α 值分别为 0.941、0.922、0.964 和 0.836。如附录 2 附表 2-2 所示。企业社会责任实践四个因子的每一题项中，其中一个因子的负荷大于 0.6，其余因子的负荷均小于 0.4，这证明了一个可接受的结构效度。有趣的是，这些结果表明，中国的中小型供应商没有区分与员工和供应链合作伙伴相关的企业社会责任实践，这在之前的文献中也有发现（Zhu et al.，2015）。由于相对模糊的法规或规定，以及监管机构或供应链合作伙伴等利益相关者难以监督其实施情况，所以中国的中小型供应商通常将与人相关的和与供应链相关的实践作为一个整体。

附录 2 附表 2-3 的 EFA 结果显示了动态能力的五个因子的载荷量，解释了 87.43% 的固有偏差。根据提取因子的特征，我们将第一个因子标记为 KA，之后四个因子依次为 CoD、SCPD、SCRe 和 Flexi。除 CoD 外，KA、SCPD、SCRe 和 Flexi 四个因子 Cronbach 的 α 值分别为 0.893、0.847、0.826、0.863。各因子的可靠性均较好。所有题项的动态能力因子荷载量如附录 2 附表 2-3 所示。每个题项在一个因子上有大的载荷量（大于 0.6），在其他四个因子上的载荷量较小（小于 0.4）。因此，结构有效性也得到了验证。

3.3.4　内生性、无应答偏差和共同方法变异（偏差）

通过质疑外生变量方差的来源，内生性问题对实证研究的结果提出了挑战（Guide Jr et al.，2015）。虽然对内生性的担忧可能永远无法从实证分析中完全消除（Murray，2006），但本研究确实从理论和统计分析的角度仔细地解决了这些问题。联立性（逆向因果关系）在理论上用文献和逻辑阐述，支持客户压力可以激励中小型供应商的企业社会责任实践的观点（Scott，2008）。

无应答偏差可能会对本研究的可信度构成潜在威胁。为了检验这个问题，我们将 333 份可用的问卷分为两组。第一组的 220 份问卷在一个月内直接返还。第二组的 113 份问卷是后来通过一到两次电话回复受访者获得。用 t 检验比较两组问卷中企业社会责任实践、客户压力和动态能力的所有因子和题项的平均值。在 p（假设概率）<0.05 水平下，所有因素和题项均无显著性差异。因此，本研究不需要考虑无应答偏差的影响（Armstrong et al.，1977）。

通过几个步骤来识别共同方法变异（偏差）的关注点（Chang et al.，2010）。首先，测量企业社会责任实践、客户压力和动态能力的题项在问卷中被分成了几个部分。其次，还向受访者和中小型供应商的经理保证保密，以减轻他们的顾虑。再次，在数据收集之前，对中小型供应商的 23 个经理进行了初步测试，检查项目的可读性、有效性和其他可能缺失的问题。现场测试还有助于改善问卷的措辞和表达。最后一步是根据收集到的数据进行 Harman 单因素检验，使用验证性因素分析和事后统计分析，目的是通过观察分析产生的单因素模型的模型拟合来检测共同方法偏差。模型拟合度差表明存在共同方法偏差的概率低。

3.4　结果与讨论

表 3-1 给出了各因子的均值和方差。由于变量之间的低相关性，多重

共线性不需要考虑。为了检验假设，对于每个解释变量，我们采用层次回归分析法。首先输入控制变量。最初，我们使用四个控制变量。结果显示，其中的三个控制变量（行业、企业规模和所有权）对企业社会责任实践没有显著影响。因此，根据 Becker（2005）的建议，在后续的分析中，我们排除了这三个变量，只保留了成立时间（年）。接下来，我们将客户压力作为解释变量，然后输入五个调节变量（例如，动态能力的五个变量）。最后，考虑了客户压力和动态能力的交互作用。我们使用 Mplus 统计软件包（Muthén et al.，2012）进行分析。每一步的回归结果如附录 2 附表 2－4 所示。

表 3－1　因子的描述性分析

变　　量	因　　子	均值	方差
压　　力	客户压力（CP）	3.93	0.89
企业社会责任实践	公司治理（CG）	2.97	0.80
	绿色实践（GP）	3.40	0.88
	员工和供应链合作伙伴（ESC）	3.72	0.92
	社区参与（CI）	3.42	0.92
动态能力	知识获取（KA）	3.88	0.95
	共同发展（CoD）	3.94	0.98
	供应链合作伙伴发展（SCPD）	3.91	0.93
	供应链重建（SCRe）	3.94	0.95
	灵活性（Flexi）	3.94	1.05

虽然我们的主要目标是检验动态能力对客户压力与企业社会责任实践之间关系的调节作用，但我们首先对客户压力对企业社会责任实践的主要影响进行了测试，四个解释变量的结果分别如附录 2 附表 2－4 中模型（1b）、（2b）、（3b）和（4b）所示。从结果来看，客户压力和企业社会责任实践之间的四种关联都是正向显著的 [CP&CG（$\beta=0.33$，$p=0.000$）；CP&GP（$\beta=0.17$，$p=0.001$）；CP&ESC（$\beta=0.35$，$p=0.000$）；CP&CI（$\beta=0.54$，$p=0.000$）]，表明客户压力与企业社会

责任实践呈正相关。

假设 3 - 1 到 3 - 5 提出客户压力对企业社会责任实践的影响受到五种动态能力的调节。五种动态能力对客户压力与四种企业社会责任实践之间关系的调节作用如附录 2 附表 2 - 4 中的模型（1d）、（2d）、（3d）和（4d）所示。值得注意的是，之前的一项研究（Preacher et al.，2008）使用学习的引导程序来确定这些间接影响。

在第一个企业社会责任实践中，公司治理（CG）、客户压力的相互作用以及五种动态能力均表现为正向效应，根据模型（1d），β 系数分别为 0.21、0.12、0.19、0.14 和 0.15。这一结果表明，当中小型供应商具有更高的动态能力，如能够与客户进行有效的信息共享时，客户压力会更好地激励中小型供应商改善关于企业社会责任实践的公司治理问题。总的来说，公司治理实践完全支持假设 3 - 1 到 3 - 5。

在第二个企业社会责任实践中，绿色实践（GP）、客户压力的相互作用以及五种动态能力在模型（2d）均表现为正向效应，β 系数分别为 0.43、0.17、0.29、0.22 和 0.21。这些结果表明，五种动态能力增强了客户压力对企业社会责任绿色实践的积极影响。例如，当中小企业可以在绿色采购实施方面实现与客户的共同发展时，客户压力可以在很大程度上激励中小型供应商的绿色采购实践。因此，假设 3 - 1 到 3 - 5 在企业社会责任的绿色实践中又得到了支持。

在第三个企业社会责任实践中，模型（3d）中的五种动态能力对客户压力与员工和供应链合作伙伴（ESC）之间的关系具有正向调节作用，β 系数分别为 0.47、0.17、0.29、0.29 和 0.25。这些结果表明，当中小型供应商具有较高的动态能力时，客户压力对中小型供应商的 ESC 实施的影响更大。因此，假设 3 - 1 到 3 - 5 支持 ESC 的企业社会责任实践。此外，相比对前两个企业社会责任实践（CG 和 GP）的调节结果，动态能力对 ESC 实践的调节作用普遍较高并且更加显著，这表明当中小型供应商具有动态能力时，它们能在 ESC 实践中比其他两种实践改进更多。

在最后的企业社会责任实践中，附录 2 附表 2 - 4 中模型（4d）的结果显示 KA 对客户压力与社区参与（CI）之间的关系具有正向调节作用，其 β 系数为 0.15。而 CoD、SCPD、SCRe 和 Flexi 则没有明显的调节作用。

这些结果表明，只有当中小型供应商拥有更强的 KA 时，他们可能在客户压力下实现更多的 CI 实践。例如，当中小型供应商在企业社会责任管理中参与更多客户的知识获取时，客户压力对中小型供应商的 CI 的正向作用会更显著。该企业社会责任实践支持假设 3-1，不支持假设 3-2 到 3-5。五个假设的检验结果如表 3-2 所示。

表 3-2　假设概括

假　设	结　果	描　　　述
H3-1	支　持	客户压力对所有企业社会责任实践
H3-2	部分支持	支持：客户压力对 CG、GP 和 ESC 不支持：客户压力对 CI
H3-3	部分支持	支持：客户压力对 CG、GP 和 ESC 不支持：客户压力对 CI
H3-4	部分支持	支持：客户压力对 CG、GP 和 ESC 不支持：客户压力对 CI
H3-5	部分支持	支持：客户压力对 CG、GP 和 ESC 不支持：客户压力对 CI

本书采用双向交互检验的方法进一步解释动态能力对客户压力与企业社会责任实践之间关系的调节作用。如图 3-2（a）所示，坡度分析和坡度试验表明，高 KA 下客户压力与公司治理的关系强于低 KA 下两者的关系。在客户压力与社区参与之间也可以发现类似的结果（见图 3-2（d））。此外，如图 3-2（b）所示的坡度试验表明，当 KA 较高时，CP 和 GP 的斜率为正，而当 KA 较低时，CP 和 GP 的斜率为负。图 3-2（c）中的 CP 和 ESC 之间也有类似的结果。同时，对其他动态能力也进行了相同的测试。坡度试验结果表明，CoD、SCPD 和 SCRe 较高时，CP 和 CG 以及 CP 和 CI 的坡面比低动态能力时的斜率更大。并且，CoD、SCPD、SCRe 较高时，CP 和 GP 以及 CP 和 ESC 的斜率为正，CoD、SCPD、SCRe 较低时，CP 与 GP 以及 CP 与 ESC 的斜率为负。

统计结果基本支持我们的概念模型和五个假设。这些结果显示了客户压力对中小型供应商的企业社会责任实践的影响。这一发现与现有的研究

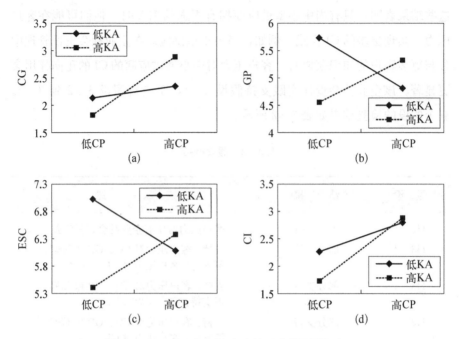

图3-2　KA在CP-CSR实践关系中的两因子交互

一致（Surroca et al.，2013；Zhu et al.，2013）。国际市场对中国大多数中小型供应商产品和过程的环境和社会要求较高。层次回归分析结果表明，五种动态能力在大多数关系中具有显著的调节作用。

　　企业社会责任实践中的公司治理在这四种实践中处于最低层次。这一结果可以用我们的样本——中国的中小型供应商来解释，因为中国的中小型供应商管理者不愿意制订企业社会责任治理策略，导致公司治理实施的相对滞后。在四种实践中，企业社会责任实践的ESC实施水平最高。这也可以从我们的样本中得到解释，其中包括很大一部分中小型供应商，海外客户会积极监控或激励这些中小型供应商实施ESC实践。GP和CI的企业社会责任实践相对处于中等水平。

　　客户压力可以有效地激励中小型供应商开展所有的企业社会责任实践。在这四种实践中，CG、GP和ESC在客户压力下受到五种动态能力的显著调节。由于动态能力有助于对环境变化（如经济衰退）快速做出反应，所以中小型供应商在客户压力下能更好地在CG、GP和ESC领域履行企业社会责任。

客户压力与 CI 实践呈正相关，但仅受 KA 的调节，而不受 CoD、SCPD、SCRe 和 Flexi 的影响。这意味着企业在面临客户压力时可能会实施 CI，但这并不意味着具有高动态能力（KA 除外）的企业在 CI 实践中就很活跃。中国的中小型供应商不愿意实施 CI，除非客户要求。

双向交互结果表明，五种动态能力通过两种方式调节了客户压力和企业社会责任实践之间的关系。首先，当动态能力较高时，CP 与 GP 以及 CP 与 ESC 的斜率均为正；而当动态能力较低时，其斜率为负。因此，高水平的动态能力将在很大程度上促进中小型供应商在 GP 和 ESC 上实现企业社会责任。一个可能的原因是，动态能力可以帮助中小型供应商快速获取必要的信息和知识，从而响应客户压力。然而，动态能力较低的中小型供应商无法有效应对客户压力，因为动态能力较低时，供应链上的信息/知识交流受到限制，甚至被阻塞。

如前所述，首先，更高的客户压力可能不会对中小型供应商的企业社会责任实施做出更多贡献。因此，当动态能力非常低时，CP 与 GP 或 ESC 之间存在负相关关系。其次，对于 CP 与 CG、CP 与 CI 的关系，动态能力高时的斜率大于动态能力低时的斜率。随着供应链中信息共享的效率提高（高 KA），客户的压力可以更快速、更准确地传递到中小型供应商中，并被中小型供应商感知，这进一步帮助中小型供应商更有效地参与 CI 实践。但是，如果企业的 KA 较低，就不能及时适应客户的新要求，也就无法避免可能的风险或惩罚。

3.5　本　章　小　结

本章首先基于动态能力理论，探讨了如何有效地激励中小型供应商在客户压力下实施企业社会责任，并确定了五个因素：知识获取（KA）、共同发展（CoD）、供应链合作伙伴发展（SCPD）、供应链重建（SCRe）和灵活性（Flexi）。然后，本章还建立了一个概念模型，假设五种动态能力能调节客户压力与中小型供应商企业社会责任实践之间的关系。最后，本章制订了一份关于测量企业社会责任维度和中国中小型供应商之间的动态能力的问卷，开发了测量维度的具体题项。本章通过对 333 家中国制造业中小型供应商的问卷调查，得出层次统计结果，证明了四种企业社会责任实践中有三种具有调节作用；并通过交互分析进一步揭示了具有一定程度的动态能力是必要的。

第 4 章
通过企业社会责任认证
为客户创造价值

4.1 制度合法性与企业社会责任认证

供应链成员通过实施企业社会责任来降低供应链的风险，因此客户会对实施企业社会责任风险较高的中小型供应商施加压力。除此之外，客户作为供应链的核心企业，也追求在企业社会责任实施中创造价值。作为一种自愿的活动，企业社会责任可以通过认证等行为获得合法性，从而获得财务绩效改善等价值。因此，作为一种合法的行为，获得企业社会责任认证已经成为一种帮助企业改善运营和供应链管理的流行方式，也展示了企业在社会责任方面所做的努力（Suchman，1995）。获得企业社会责任认证标志着企业经营和供应链管理活动的合法性，并且标志着企业关注供应链社会责任。首先，它表明企业建立了一个标准体系（Christmann et al.，2006），管理企业社会责任的实施。其次，它展示了核心企业为其利益相关者的企业社会责任管理努力的合法性。企业社会责任认证的声明减少了核心企业与其利益相关者之间存在的"信息不对称"（King et al.，2005），有助于前者的企业社会责任管理合法性的可视化，从而被后者接受。此外，有学者提出，由于企业社会责任认证在运营和供应链管理中提高了企业社会责任的合法性，因此，为企业带来财务绩效（Auld et al.，2010）。然而，其他学者如 Paulraj et al.（2011）观察到企业社会责任认证带来的股票绩效为负，这可能与股票投资者对获得认证的感知有关。考虑到这些不一致的结果，我们检验了制度合法性的情境因素是否会影响企业社会责任认证公告与股票绩效之间的联系。

企业社会责任认证是授权第三方机构对申请企业的环境和社会管理进行检查的过程，检查申请企业是否符合环境行为或工作条件的标准要求，如环境管理体系 ISO 14001 认证，并决定是否可以授予这些公司"认证"地位。以往的研究仅限于对企业社会责任认证的财务绩效进行考察，并侧重于效益—成本分析。例如，Melnyk et al.（2003）证明了环境认证 ISO 14001 有利于企业降低成本，并且产品质量等经营绩效会对企业经济绩效做出贡献。很少有研究考虑制度合法性在企业社会责任认证—绩效环节的作用。一项相关工作调查了市场支持机构采用认证对经济绩效的调节作用，样本来自 59 个国家（Goedhuys et al.，2013）。为了进一步了解这一尚未充分探索的研究领域，本书试图对以下问题进行回答：① 企业社会责任认证公告能否给企业带来股票绩效方面的财务收益；② 制度合法性因素如何影响认证和绩效之间的关系？

根据相关文献（Aldrich et al.，1994），有两种类型的制度合法性。第一类是社会政治合法性，它被定义为关键利益相关者（如政府机构）接受企业价值观的程度。本书将与政府的关系作为获得社会政治合法性的来源，因为在中国的研究背景下，政府可能是影响企业可持续行为的最关键因素。第二种类型是认知合法性，它被理解为将企业作为一个群体，它的行为被普遍社会群体认知的程度（Aldrich et al.，1994）。从可持续发展实践的角度，可以通过加强企业认知合法性来提高企业的接受度，以保证企业与社会沟通的一致性。已有研究探讨了认证与绩效之间的联系。例如，Sine et al.（2007）证明了认证可以提高初创企业的合法性，这有助于增加运营成功的可能性，从而带来效益。通过纳入制度、社会政治和认知合法性因素的影响，我们对认证—绩效之间关系的认识有所提高。基于此，我们确定了评估制度合法性因素的代理变量，包括将政府所有权（国有企业或非国有企业）和政治嵌入性（企业管理者成为人大代表或政协委员）作为评估社会政治合法性的两个代理变量，以及将企业社会责任沟通频率（企业持续发布企业社会责任报告，以符合社会期望）作为评估认知合法性的代理变量。

我们以 2003 年 1 月至 2018 年 5 月公布的 210 个企业社会责任认证为样本，研究了中国企业的认证与绩效之间的联系。通过使用横截面回归进行事件研究分析，我们发现企业宣布获得企业社会责任认证进而显著增加了 0.43％的市场价值。两种社会政治合法性因素对认证与绩效之间关系的影响存在差异：政府所有权具有强化作用，政治嵌入性具有削弱作用。

4.2　研究框架和研究假设

如图 4 - 1 所示的研究框架，用于指导我们研究企业社会责任认证公告与企业财务绩效之间的关系，并考虑了制度合法性的作用。根据之前的研究（Christmann et al.，2006），我们采用了企业在追求产品和过程的可持续管理中获得的环境和社会认证。财务绩效是通过企业发布认证公告引起市场反应进而由其股票表现来衡量的，本书假设了认证的绩效效应。此外，合法性因素对认证与绩效之间关系的影响具有正（或负）效应，说明合法性因素可以增强（或削弱）这种关系。

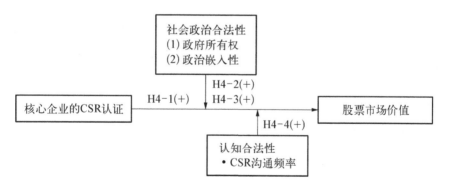

图 4 - 1　考虑制度合法性的企业社会责任认证与财务绩效的研究框架

4.2.1　股市对企业社会责任认证的反应

基于资源的观点，企业社会责任实施为企业创造了可持续的资源（Flammer，2012）。企业试图说服利益相关者（如股东和客户），让他们在运营和供应链管理中为企业社会责任的实施做出努力（Morsing et al.，2006）。企业社会责任包括与企业过程和产品相关的环境管理和社会管理，但其实施过程并不容易被外人看到。因此，企业通过广泛获得企业社会责任认证，增加了与企业社会责任相关的资源，使公众看到了无形的企业社会责任管理过程，如环境管理体系认证（ISO 14001），社会责任认证（SA 8000）（Boiral et al.，2010）。

实证研究表明，企业社会责任认证作为企业可持续实施的可靠信息与其财务绩效之间存在积极联系（Robinson et al.，2011）。一家名为 Bahia Sul 的巴西制造商于 1997 年在巴西获得了第一个 ISO 14001 认证，随后赢得了欧洲市场客户的订单（Thurston，1998）。同样，Darnall（2006）认为，ISO 14001 认证提高了高污染企业的运营绩效。Djupdal et al.（2013）发现，环境认证可以作为小企业负债的缓冲，能够使企业积累社会责任资源，为实现更高的盈利能力做出贡献。综上所述，这些论文强调认证作为一种使企业的社会责任经营活动合法化的手段，有利于提高采用者的财务绩效。

企业社会责任认证可以作为一种可见的证据，证明企业发布的与企业社会责任相关的运营活动符合普遍的规则、规范以及期望（Schepers，2010）。因此，采用企业社会责任认证意味着核心企业在企业社会责任方面拥有更多的资源，以增加利益相关者的信心，从而提升企业在经营活动中的企业社会责任管理（Berrone et al.，2017），并进一步增强其获得财务绩效的能力。因此，持有来自授权机构的企业社会责任认证的企业，可以证明其可持续运营管理符合标准要求，股票市场的反应也会朝更加积极的方向发展。

假设 H4-1（见图 4-1）：股票市场对企业社会责任认证公告的反应积极。

4.2.2　制度合法性因素的调节作用

认证有助于企业提高可持续经营的合法性，并通过其公告引发股市反应。基于已有文献，我们认为，在不同的制度背景下，市场对企业社会责任认证公告的反应是不同的。Aldrich et al.（1994）认为，制度环境包括两个制度合法性因素：社会政治合法性因素和认知合法性因素。社会政治合法性的作用是基于政府的合法性分析，政府被认为是中国企业应遵循的最关键的合法性来源，如图 4 - 1 中的假设 H4 - 2 和 H4 - 3 所述；假设 H4 - 4 探讨了认知合法性的作用，认知合法性代表企业社会责任被社会接受的程度。

1. 社会政治合法性的调节作用

社会政治合法性是指企业从政府和社会获得的认可、声誉等。作为中国企业的关键利益相关者，政府极大地影响了中国企业的企业社会责任实践和绩效（Lin et al.，2011）。中国企业可以通过两种典型的方式获得社会政治合法性：成为国有企业（由政府控制）和建立政治嵌入性（如企业管理者成为人大代表或政协委员）。国有企业在世界范围内，甚至在发达国家或地区都很常见（Porta et al.，2002），包括英国、德国、美国等（Faccio et al.，2002）。基于对 13 个西欧国家 5 232 家公司的调查，Faccio（2006）发现，国有企业在合同管理方面有更大的权利，与政府的关系也更加密切。在中国，政府是企业社会责任建设的主导力量。对于国有企业来说，政府对其资本拥有所有权或控制权，政府的意志和利益对其经营决策影响很大（Li et al.，2015）。此外，中国国有企业在资源、技术和资本获取方面普遍享有优先权，如市场许可、财政补贴、税收减免和项目验收等（Wang et al.，2008）。因此，这些优势有助于国有企业获得更好的绩效（Li et al.，2008）。

文献表明，由于采用企业社会责任实践，尤其是国有企业，其财务绩效得到了改善。例如，Li et al.（2016）通过分析公有制对环境资本支出与股票绩效关系的影响，得出股票投资者倾向于投资中国国有企业以支持环境资本支出。Zhu et al.（2016）发现，环境和劳工实践对中国国有企业财务绩效的改善有积极的影响。对于国有企业通过企业社会责任认证能够获得更好的财务绩效，文献提供了一些解释。首先，大多数国有企业在规模、利润、技术、能力和影响方面都处于领先地位（Omran，2004），他们更愿意在企业社会责任实践上花钱投资，包括可以强化他们企业社会责任表现的认证（Lopatta et al.，2017）。因此，股票投资者会对国有企业的企业社会责任认证公告持积极态度，市场反应也会更加积极。其次，与国有企业相比，政府作为所有者对国有企业的监控更为密切（Marquis et al.，2013）。如果政府发现国有企业只是象征性地遵守而不是实质性地遵守企业社会责任认证的声明，那么在这种情况下，企业会因为受到惩罚的风险变高而导致成本增加。这与受到严格监控的企业更有可能实施可持续发展的观点是一致的。例如，更严格的政府监管会导致企业在环境管理方面的自我监管效率更高（Short et al.，2010）。因此，股票投资者可以相信国有企业提升绩效的动机，特别是相信有企业社会责任认证的国有企业会认真实施企业社会责任实践，从而购买更多的国有企业股票。最后，还可以归因于政府的支持，特别是在危机期间，政府所有权也可以降低与可持续经营相关的感知风险（Iannotta et al.，2013）。例如，有些国有企业刚进入国际市场时，经常因经营过程中存在的弊端而受到批评。由于中国政府已分配资源支持这些国有企业以改善他们的可持续运营形象（Zhao，2017），所以这种批评带来的风险已经减轻。降低这种风险可能是股票投资者选择投资国有企业的一个令人信服的理由。

综上所述，由于国有企业具有良好的制度优势、丰富的资源、较强的风险抵御能力，所以其发布企业社会责任认证公告可能会使股票绩效更好。因此，我们提出第二种假设。

假设 H4-2（见图 4-1）：与其他企业相比，获得企业社会责任认证的国有企业的市场反应将更为积极。

第二个社会政治合法性因素——政治嵌入性，也影响企业社会责任认证的绩效价值。监管政策和执行被认为是影响公司业务的主要风险和不确定性来源之一（Hillman et al.，1999）。企业建立与政府机构的政治联系，以降低风险和减少不确定性，获得更好的信息或资源，并获得社会政治合法性以满足政府的期望（Hillman，2005）。在中国，为了获得政府决策和资源的支持，企业高级管理人员通过主动寻求政治参与以嵌入政策过程通常是很常见的（Peng et al.，2000；Ma et al.，2006）。

一些学者观察到，建立政治嵌入性是获得社会政治合法性的一种方式，且相比不具有政治嵌入性的企业，建立政治嵌入性的企业也许能够获得更好的经济效益。例如，Wang et al.（2011）发现，像慈善事业等企业社会责任实践会给具有政治嵌入性的企业带来更好的财务绩效。这些企业可能从获得企业社会责任认证中获益更多，原因如下：第一，具有政治嵌入性的企业更容易通过与政策制定者的密切关系获得第一手信息，而这种关系对新企业尤为重要（Li et al.，2007）。企业作为第一手信息的获取者，对股票投资者来说是有说服力的，企业获得企业社会责任认证的行为使其成为所在行业或相关领域的先行者，在未来可以带来良好的股票投资回报。第二，与国有企业类似，具有政治嵌入性的企业更容易获得包括金融贷款和项目批准在内的资源（Faccio，2006）。这种优势会让投资者相信，这些企业有能力进行企业社会责任的实践，企业在运营上的努力会带来更好的财务绩效。

但是，企业管理者担任全国人大代表或全国政协委员也可能会带来不利影响。例如，具有高度政治嵌入性企业的社会责任报告可能会被质疑只具有象征意义（Marquis et al.，2013）。此外，政治嵌入对政府与企业相关的决策影响有限（Li et al.，2007）。首先，尽管越来越多的全国人大代表和全国政协委员被鼓励就企业社会责任相关法规提出建议（Gu，2018），但合法化的决定和立法程序仍然由政府控制。O'Brien（2008）认为，企业高管的政治参与被更多地看作是社会声望的信号，而不是一种能带来即时商业利益的资产。对于具有象征性的政治嵌入特征的企业宣布其获得企业社会责任证书，这一行动可能被视为在政治参与中就企业社会责任发展努力进行沟通的一种工具或象征，但对企业的财务绩效没有实质性的贡献。其次，对于通过政治嵌入建立个人关系的公司，投资者可能认为，企业社会责任认证实质上会为高管带来个人利益，如他们的声望或政治生涯（Marquis et al.，2013）。考虑到企业管理者是全国人大代表或全国政协委员，他们应该是政府的支持者，为后者的期望而努力，反而可能会影响企业和股东的利益（Wang et al.，2011）。因此，通过认证反映企业在运营中的企业社会责任实践的行动可能被认为是一种成本而不是收入的增加。再次，政治嵌入也与政府更严格的监督有关。具有政治嵌入性的公司通过非正式控制受到更多的监督（Okhmatovskiy，2010；Marquis et al.，2011）。因此，具有政治嵌入性的企业宣布企业社会责任认证，可以看作是在政府的压力下被迫采取的行动，这给企业带来了额外的成本，但实际效益有限。

综上所述，我们认为政治嵌入将对那些宣布其获得企业社会责任认证的公司的股票绩效产生双向影响。因此，我们提出了两种相互矛盾的假设。

假设 H4-3a：由于企业社会责任认证的公告，市场对股票表现的积极反应对那些具有政治嵌入性的公司更强。

假设 H4-3b：由于企业社会责任认证的公告，市场对股票表现的积极反应对那些具有政治嵌入性的公司更弱。

2. 认知合法性的调节作用

认知合法性可以理解为一种恰当性的社会判断，它源自将企业的行为视为恰当和社会所期望的行为，并普遍被社会接受（Zimmerman et al.，2002）。企业可以通过公开其过去企业社会责任表现的信息来获得认知合法性，从而增加社会对其的接受度（Suchman，1995），即通过发布企业社会责任报告，包括与环保措施和员工待遇相关的经营管理，不断与外界沟通，加强公众对企业社会责任实践努力的认识。

认知合法性会影响投资者对企业获得企业社会责任认证的判断（Darnall，2006）。企业通过增加与投资者就其企业社会责任实践努力进行沟通的频率来建立其认知合法性，如在年度企业社会责任报告中发布其在环境和社会责任运营方面的表现（Zimmerman et al.，2002）。企业社会责任沟通频率高的企业通常被认为在经营中努力履行企业社会责任实践，从而在企业社会责任认证公告中会被赋予更高的社会认可度（Cheng et al.，2016）。此外，频繁的企业社会责任沟通提高了企业在运营中进行企业社会责任实践的确定性和透明度，这可以为企业在企业社会责任方面的努力树立一个积极的形象（Cho et al.，2013）。因此，企业更频繁地就可持续经营进行沟通将获得更好的财务绩效，因为他们发布了企业社会责任认证的公告。

假设 H4-4（见图 4-1）：对于那些更频繁地与外界沟通企业社会责任发展的公司来说，由于宣告了企业社会责任认证，则市场对股票绩效的积极反应更强烈。

4.3　数据收集和方法介绍

4.3.1　数据收集和变量开发

1. 企业社会责任认证公告

本研究从多个新闻来源进行关键词搜索，以确定一组具有可持续性（包括环境和社会）认证的中国企业样本。我们使用中文关键词，包括"环境管理体系""职业健康安全管理体系""能源管理体系""绿色标签""ISO 14001""OHSAS""社会责任认证""SA 8000""管理体系认证""绿色认证""CSR 认证"，在几个新闻来源中搜索了公告标题。首先，我们在上海证券交易所官网（http：//www.sse.com.cn/）和深圳证券交易所官网（http：//www.szse.cn/）上收集到中国企业获得企业社会责任认证的公告。其次，我们搜索公司官方网站上发布的公告。我们从一个名为JRJ（http：//www.jrj.com.cn/）的数据库中收集了这些公告，该数据库涵盖了中国所有上市公司的公告，并在这些公司的网站上实时发布。最后，我们还从中国最大、最受欢迎的网络搜索引擎百度中搜索新闻和公告，以补充之前来源中可能缺失的新闻。对于重复的公告，我们保留了宣布日期最早的公告，并排除了没有日期的公告，因为不能评估股价变动。我们通过逐个检查样本公司的公告来识别混淆性公告，以防样本公司在事件窗口期间发布其他重要公告。根据之前的文献，收益或股息发放、合并/收购、关键高管任命、债务重组等公告被认为是混淆性公告（McWilliams et al.，1997）。如果该公司在事件窗口期间发布了上述任何令人混淆的公告，我们将从研究样本中排除企业社会责任认证公告。我们最初的样本包括于 2003 年 1 月至 2018 年 5 月，在上海证券交易所和深圳证券交易所上市的中国公司发布的 234 项公告。我们阅读每个公告的全文以收集详细信息。下面给出了两个公告的例子。

（1）北方光电股份有限公司成功通过了新时代认证中心环境和职业健

康安全管理体系的现场监督审核。

股票名称：光电股份

股票代码：600184

来源：北方光电股份有限公司官方网站

2017年1月6日，新时代认证中心对北方光电股份有限公司环境与职业健康安全管理体系（OHSMS）进行了首次监督审核。在为期三天的审核过程中，审核组对其11家子公司进行了现场抽样检查，与员工代表进行了讨论，并与高管进行了沟通。审核专家对北方光电股份有限公司的环境和职业健康安全管理体系的实施进行了公正、客观地评价和证明，并指出了问题和不足之处。接下来，北方光电股份有限公司将认真分析专家组提出的问题，认真整改，取得了实际成果。北方光电股份有限公司以审核为契机，进一步完善管理体系建设，提高管理体系的自我调节能力，将公司的管理提升到一个更高的水平。

（2）一个获得多项管理体系认证的公告。

股票名称：中远海科

股票代码：002401

时间：2013年8月20日 19:11

中远海运科技股份有限公司获得中国船级社认证中心（CCSC）颁发的质量管理体系、环境管理体系、职业健康安全管理体系、HSE（健康、安全与环境管理体系）等五项认证证书。

本书采用事件研究法（详见4.3.2节）来检验假设。我们从国泰安（CSMAR）数据库中获取股票价格数据来估计股票的异常收益。CSMAR是中国公司股票交易数据和财务报告最常用的来源（Marquis et al.，2013）。我们进一步将企业社会责任认证的公布日期定义为第0天。在剔除第−220天至第−21天的估计期（4.3.2节中给出了估计期的解释）内历史股票交易天数少于40天的公司后，最后的样本包含了127家公司发布的210项公告。附录3附表3−3中的模块A报告了企业社会责任认证公告发布年份的观察值分布情况。其中超过96％的公告是在2005年之后发布的。模块B显示了样本公司公布认证公告前的最近一个财政年度的统计数据。在模块B统计中值描述了一家公司的销售收入为5.230 3亿美元，市值为 10.560 1 亿美元，总资产为 8.139 6 亿美元。

为了从行业类别的角度描述公告的分布情况，我们将样本按照中国证监会①的 13 个行业类别标准划分为 10 个行业类别。如附录 3 附表 3 - 3 中的模块 C 所示，约 80% 的企业属于制造业。

样本企业获得了 ISO 14001、OHSAS 18001、GB/T 24001、GB/T 28001、GB/T 23331 等各种 CSR 标准认证。通过阅读每个公告的全文，我们将样本获得的认证从环境或社会方面进行了分类（见表 4 - 1）。在 210 项公告中，有 78 项（37%）同时包含了 EMS（环境管理体系）和 OHSAS（职业健康安全管理体系）认证，116 项（55%）是环境认证，16 项（8%）是社会认证。如表 4 - 1 所示，大多数环境认证是关于 EMS 的认证（139），其次是能源管理体系认证（23），环境标识产品（18），森林认证（6），以及其他认证（8）；样本中的社会认证包括 OHSAS 认证（92）和 SA8000 认证（2）。

表 4 - 1　CSR 认证分类

	认　　证	数量/个
	环境管理体系（EMS）	139
	能源管理体系认证	23
	环境标识产品	18
环境方面	森林认证	6
	产品碳足迹认证	3
	有机产品	3
	绿色建筑认证	1
	中国 GAP	1
社会方面	职业健康安全管理体系（OHSAS）	92
	SA 8000	2

2. 调节变量和控制变量

调节变量。假设 H4 - 2 至 H4 - 4 中包含了三个调节变量：① 政府所

① 这些类别是农、林、牧、渔业，采掘业，制造业，电力、煤气及水的生产和供应业，建筑业，交通运输和仓储业，信息技术业，批发和零售贸易，金融、保险业，房地产业，社会服务业，传播与文化产业和其他。

有权。当企业为政府所有时，该变量编码为1，否则编码为0。如果一个公司最终被政府、政府资助的机构或行政组织①拥有，那么它就是政府所有（Marquis et al.，2013）。② 政治嵌入性。如果现任首席执行官（CEO）是全国人大代表或全国政协委员②，该变量编码为1，否则编码为0（Li et al.，2007）。作为公司管理团队中的最高领导者，CEO 最终做出包括企业社会责任管理在内的所有决策并对这些决策负责。③ 企业社会责任沟通频率。它将企业在社会责任认证公告年度之前，已发布的年度社会责任报告次数作为代理变量。

控制变量。我们选择了几个额外的控制变量。根据之前的研究（Longoni et al.，2018），我们控制了企业规模（ln_assets）和盈利能力（ROA）这两个变量，以避免这两个因素会对由于发布企业社会责任认证公告导致的异常股价回报产生影响。企业规模表示为企业总资产的自然对数，盈利能力表示为企业年利润与总资产收益率之比。此外，如果企业生产消费品，那么企业与消费者之间的距离较近，因此，企业可能会感受到更高的客户压力。客户压力通过消费者对公司的关注程度来衡量，消费者对公司的关注程度取决于前者和后者之间的距离。我们使用一个虚拟变量，当认证公司生产消费品时，该变量编码为1，否则编码为0，以表示认证公司与消费者的接触距离。出口也被控制为一个连续变量，以产品出口总额占总销售额的百分比来衡量（Hitt et al.，1997）。我们还采用虚拟变量来表示认证是否为再次认证，如果公布的认证公告为再次认证，该变量编码为1，否则编码为0。

评估调节和控制变量的数据有两个来源。政府所有权、历史财报、政治嵌入性、企业社会责任报告和出口销售额的数据从 CSMAR 数据库中收集。消费品类别数据收集于国家市场监督管理总局（https：//www.samr.gov.cn/）。

---

① 根据《上市公司收购管理办法》的定义，在下列情形之一的情况下，收购人可以最终拥有上市公司控制权：① 持有上市公司最多数量的股份；② 持有上市公司的表决权多于最大股东；③ 持有和/或控制不少于30%的上市公司股份和/或表决权；④ 能够行使表决权决定上市公司董事会半数以上成员选任；⑤ 中国证监会认定的其他情形。

② 在中国，企业管理者可以作为代表参加全国人民代表大会和中国人民政治协商会议，这些会议每年举行一次，是政府和社会之间的协调者和沟通者（摘自 Marquis et al.，2014）。

4.3.2　方法分析

1. 企业社会责任认证公告对股市表现的直接影响

本书采用事件研究法，预测企业发布 CSR 认证公告后的股价变动。该方法在控制宏观因素对股票价格影响的同时，在文献中被广泛应用于预测重点公司在特定事件发生后股票收益的变化（该方法的细节可以参考 Brown 等人在 1985 年的研究）。根据前人研究（Jacobs et al.，2010），本书采用事件窗口为 2 天的事件研究法，日历日期应转换为事件日。如果公告在下午 4:00 之前发布，按事件日计算，公告的日历日期为第 0 天。如果公告在下午 4:00 后发布，公告的日历日期应为第 −1 天，因为公告的信息只能影响下一个交易日的股价（美国证券交易所在下午 4:00 闭市）。因此，下一个交易日是第 0 天，以此类推。在本书中，我们根据之前的文献，使用了 Days（−1，0）为期两天的事件期，纳入 Day（−1）是考虑到发布公告的前一天可能出现信息泄露（Lo et al.，2018）。股票异常收益的估计模型是假定某一时期内公司股价收益与股票市场收益呈线性关系的市场模型：

$$R_{it} = \beta_{0i} + \beta_{1i}R_{mt} + \varepsilon_{it} \qquad \text{（式 4-1）}$$

其中，R_{it} 表示公司 i 在第 t 天的股票收益，R_{mt} 表示股票的市场回报指数，ε_{it} 表示误差项，β_{0i} 表示公司 i 的截距项，β_{1i} 表示公司 i 的股票回报和市场回报之间关系的斜率。

使用普通最小二乘回归根据从第 −220 天到第 −21 天的估计期计算预期股票收益（Jacobs et al.，2010）。对于在估计期内没有完整的股票日收益数据的公司，我们制订了一个规则，即在估计期内从第 −220 天到第 −21 天至少应该存在 40 个日股票收益（Lo et al.，2018）。

公司 i 在第 t 天的异常股价收益可估计为

$$A_{it} = R_{it} - (\hat{\beta}_{0i} + \hat{\beta}_{1i}R_{mt}) \qquad \text{（式 4-2）}$$

其中，$\hat{\beta}_{0i}$ 和 $\hat{\beta}_{1i}$ 是待估计的参数。

第 t 天的异常股价收益均值为

$$\bar{A}_t = \sum\nolimits_{i=1}^{N} \frac{A_{it}}{N_t} \qquad (式 4-3)$$

其中，N 代表样本大小（公告的数量）。

为了统计检验式 4-3 中预测的平均异常股价收益 A_{it} 的显著性，用企业估计的异常股价收益除以自身估计的标准差 $\hat{S}_{\varepsilon i}$，从而得到标准化的异常股价收益。零假设支持异常股价收益是独立于公司公告的，且均值为 0，方差为 $\hat{S}_{\varepsilon i}^2$。根据中心极限定理可以预测，$N$ 个标准化的异常股价收益的集合（和）是正态分布的，均值为 0，方差为 σ^2。因此，估计第 t 天的检验统计量 TS_t 为

$$TS_t = \sum\nolimits_{i=1}^{N} \frac{\dfrac{A_{it}}{\hat{S}_{\varepsilon i}}}{\sqrt{N}} \qquad (式 4-4)$$

利用 t 统计量对平均异常股价收益的估计结果进行检验。在一个窗口 $[t_1, t_2]$ 上，累计异常股价收益 CAR（t_1，t_2）为日平均异常股价收益的累加：

$$CAR(t_1, t_2) = \sum\nolimits_{i=t_1}^{t_2} \bar{A}_t \qquad (式 4-5)$$

在一个窗口中测试 TS_e 的统计量的计算类似于单独天的统计量，如下：

$$TS_e = \sum\nolimits_{i=1}^{N} \frac{\dfrac{\sum_{t=t_1}^{t_2} \bar{A}_t}{\sqrt{\sum_{t=t_1}^{t_2} \hat{S}_{\varepsilon i}^2}}}{\sqrt{N}} \qquad (式 4-6)$$

为了减少离群值的影响，对平均异常回报 ARs 进行了 t 检验和非参数检验。非参数检验包括使用 Wilcoxon 符号秩检验对异常收益中值进行检验和在事件期间使用二项式符号对 ARs 正向百分比进行检验。

2. 三种调节变量分析

为了分析在 4.2 节研究假设中讨论的各种合法性因素如何影响异常收益，我们采用了 Jaccard et al.（1990）引入的层次回归分析，并参考了大量之前的文献（Lo et al.，2018）。我们用两步层次法分析了上一节中的所有样本。CAR（−1，0）作为因变量（Lo et al.，2018）。在第一步中，CAR（−1，0）与所有控制变量一起回归。在第二步中，增加三个调节变量（政府所有权、政治嵌入性和企业社会责任沟通频率）与 CAR（−1，0）一起回归。基于两次观察，这种调节作用可以得到支持。第一次观察是模型 3 中个体交互变量的系数是显著的。第二次观察是第二步的模型相比于第一步的模型，F 增量是显著的，这意味着对所有交互变量都有一个整体的调节作用（Zhu et al.，2004）。

3. 自选择偏差

本书以企业社会责任认证的自我披露公告为基础构建样本企业，由于我们的样本是随机的，因此，样本存在自选择的可能。在市场模型下，这样一个由公司自己选择的行动可能导致在计算样本的异常收益时存在自选择偏差问题。为了解决这一问题，我们使用了倾向性得分匹配（PSM）方法，该方法最早由 Rosenbaum et al.（1985）使用，作为一种预测异常股票或财务回报的工具。PSM 的基本逻辑是利用倾向模型构建一个倾向匹配企业池。池中的匹配公司与样本中的公司相似，但没有 CSR 认证声明。在本书中，我们进行匹配以找出与样本企业倾向得分最接近的匹配企业组。

倾向得分 $p(x)$ 是公司宣布对 x 进行企业社会责任认证的可能性，$p(x) = pp$（处理组＝1 | xx），其中，公告是因素，即如果一家公司宣布了认证，则处理组＝1，如果一家公司没有这样的公告，则处理＝0。条件概率是基于 logit 离散选择模型预测的（Rosenbaum et al.，1985）。Heckman et al.（2004）提出，纳入合适的变量是否会影响对事件发生倾向的准确性的评估。根据文献（Ding et al.，2018），我们使用总资产、Tobin's Q（企业的市场价值与资本重置成本之比）、财务杠杆、库存、分析师跟踪和年度股票回报来生成我们的匹配，并将行业固定效应和年份加

入其中。我们采用 Chen et al.（2018）提出的两步法构建匹配企业组。第一步，倾向得分是根据如附录 3 中表达式 1 所示的一个汇总横截面模型来预测的；第二步，根据第一步中计算出的最接近的倾向得分对样本公司进行匹配（匹配过程使用可放回抽样方法），将倾向指数标准差的 0.25 倍作为界限（Abadieetal.，2006）。

在匹配完成后，对每个匹配的企业，利用市场模型估计其异常收益。然后，我们将样本公司的异常收益与匹配的公司进行比较。如果样本企业与匹配企业的异常收益存在差异，说明我们样本企业中估计的异常收益可以用公告来解释，则无须考虑自选择偏差。

4. CSR 认证公告的长期绩效分析

在企业社会责任认证公告发布后存在股价异常收益的假设论证中，我们考虑了企业社会责任认证对长期会计财务绩效的潜在影响。因此，它自然扩展到研究 CSR 认证对长期会计财务绩效的影响。

我们将每年的总资产回报率作为长期的会计财务绩效。资产回报率按年销售额/总资产计算。我们将发布企业社会责任认证公告的会计年度换算为第 0 年。下一个会计年度代表第 1 年，以此类推。通过比较样本企业与基准企业年度财务绩效的差异，预测异常会计绩效。我们采用与处理自选择偏差相同的 PSM 方法来选择基准企业组，这是由研究者（如 Paulraj et al.，2011）提出的。附录 3 给出了该方法的简明解释。如果基准组与样本组的资产收益率（ROA）存在显著差异，即异常财务绩效的检验具有统计学意义，那么发布企业社会责任认证公告会对基于会计的长期财务绩效产生影响。

4.4　结果与讨论

本节首先介绍了股票市场对企业发布 CSR 认证公告是否有反应的结果，然后研究了在我们假设的关系中，调节变量是如何影响股票的异常收益的。

4.4.1　异常收益和累积异常收益的结果

表 4-2 基于市场模型给出了发布可持续性认证公告前一天（第 -1 天）、发布企业公告当天（第 0 天）的全样本（210 项公告）的股价异常收益，以及第 -1 天和第 0 天的累计异常收益。第 0 天股价异常收益均值为 0.38%，在 5% 的水平上显著。第 -1 天的异常收益中值为 -0.27%，在 10% 的水平上显著，股价异常收益百分比为 43%，在 5% 水平上显著。对于第 -1 天和第 0 天的事件日，这两天平均累积异常收益为 0.27%，在 10% 的水平上为正且显著。因此，企业宣布获得 CSR 认证后，股价会出现积极反应的假设得到了支持。

在股票市场有效性困境下，以往一些研究对美国以外的背景下的事件研究结果的可靠性提出了质疑，尤其是新兴市场（Ding et al.，2018）。例如，Bhattacharya et al.（2000）指出，墨西哥股票市场对各种公司的新公告没有反应，因为信息在公布前就通过内幕交易泄露给了市场。为了解决这一问题，建议研究人员通过使用其他时间窗分析以开展稳健性测试，进一步关注新兴市场的研究（Ding et al.，2018）。因此，我们重新计算第 -3 天到第 3 天的异常收益，以验证在第 -1 天之前是否有进一步的信息泄漏。表 4-2 中的模块 B 支持模型的稳健性，得出其他事件窗口的结果不显著。

表 4-2　210 项 CSR 认证公告在事件期间的异常收益

模块 A: 全样本的异常收益							
	数量	均值/%	t 值	中值/%	Wilcoxon 检验	正值比/%	二项符号检验
AR（0）	210	0.38**	2.058	-0.03	0.808	49	0.207
AR（-1）	210	-0.11	-0.767	-0.27*	-1.908	43**	2.001
CAR（-1, 0）	210	0.27*	1.046	-0.13	-0.083	48	0.483

续表

模块 B: 替代事件窗口的稳健性检验

	数量	均值/%	t 值	中值/%	Wilcoxon 检验	正值比/%	二项符号检验
AR (1)	210	0.04	0.243	−0.18	−0.695 5	44*	1.587
AR (−2)	210	0.05	0.341	−0.29	−1.522	42**	2.139
AR (2)	210	−0.04	−0.225	−0.04	−0.848	49	0.207
CAR (0, 1)	210	0.43*	1.545	−0.17	0.635	48	0.621
CAR (−1, 1)	210	0.31	0.935	−0.31	−0.294	46	1.173
CAR (−2, 2)	210	0.33	0.815	−0.37	−0.341	48	0.621
CAR (−3, 3)	210	0.30	0.619	−0.36	−0.354	47	0.897

模块 C: 事件期间的子样本结果

	数量	均值/%	中值/%	正值比/%
一次认证	85	0.95**	0.24	55.29
再次认证	125	−0.19	−0.50	43.20
区别验证		1.15**	0.74*	

注：** 和 * 表示在 1%、5% 和 10% 水平下显著。

为了更好地理解研究样本，我们将公布的认证分为首次认证（$n=85$）和再次认证（$n=125$）。各子样本的结果及其比较如表 4-2 中模块 C 所示。首次认证子样本在第（−1，0）天的累计异常收益的均值和中值均较高且显著（均值 $=0.95\%$，$p<0.05$；中值 $=0.24\%$）高于再次认证的子样本（平均差异 $=1.15\%$，$p<0.05$；中位数差异 $=0.74\%$，$p<0.1$），这表明，与首次认证相比，再次认证的宣布对股票市场的影响较低。

为了控制样本公司的自选择偏差问题，我们采用了在 4.3.2 节中描述的 PSM 方法（详见附录 3 中的倾向匹配）。在获得匹配的公司后，我们采用市场模型在事件期间（-1，0）天计算他们的异常收益。如表 4-3 所示，在事件期间［AR（0）、AR（-1）、CAR（-1，0）］的异常股票收益均不显著。鉴于样本公司在事件期间的股票异常收益是显著的（如表 4-2 的模块 A 所示），样本公司和匹配公司的异常收益存在差异，因此，我们在数据分析中，不考虑自选择偏差。

表 4-3 PSM 匹配样本的异常收益

	数量	均值 /%	t 值	中值 /%	Wilcoxon 检验	正值比 /%	二项符号检验
AR（0）	210	0.23	0.89	0.03	0.978	48	-0.286
AR（-1）	210	0.03	0.139	-0.02	-0.53	51	0.573
CAR（-1，0）	210	0.26	1.296	0.21	1.279	53	-0.716

考虑到企业社会责任认证会影响企业的社会责任实践，人们可能会担心，仅观察短期股市表现是不可信的。为了缓解这种担忧并检验结果的稳健性，我们采用 4.3.2 节的方法，研究了发布 CSR 认证公告对长期会计财务绩效的影响。结果表明，样本企业与匹配企业之间的 ROA 差异为 -0.007，t 值为 0.192，并不显著。这样的结果可能是全年公布公告的日期不同而导致的。例如，同一年度 1 月的提前公告和 12 月的延迟公告会对长期财务绩效产生显著不同的影响，而基于年度的会计业绩指标无法捕捉到这种差异。

4.4.2 截面分析结果

在进行横截面分析之前，对所有变量进行描述性统计和双变量相关性计算（见附录 3 附表 3-4）。由于一些变量之间存在相关性，因此通过计算方差膨胀因子（VIFs）来检验变量之间是否存在潜在的多重共线性问题。在任何模型中最大的 VIF 是 4.61（政府所有权）；VIF 的均值为 2.28，并不高于建议的截断值 10（Ryan，1997）。因此，多重共线性不会对我们的数据分析造成影响。如表 4-4 所示，两个模型的 F 值均表明该模型与数据非常吻合。

　　表 4-4 介绍了市场模型下 CAR（−1，0）的回归估计。模型 1 包含了所有的控制变量。模型 2 通过加入政府所有权和政治嵌入性两个社会政治合法性变量以及企业社会责任沟通频率这一认知合法性变量来检验假设 H4-2 到 H4-4。模型 2 中 F 增量是显著的，说明各调节变量整体上存在调节效应。政府所有权系数为正（0.012，$p<0.05$），支持假设 H4-2 政府所有权对公布企业社会责任认证后的股票积极反应的强化效应。这一结果表明，中国国有企业通过公布企业社会责任认证获得的收益高于非国有企业。政治嵌入性系数为负（0.006，$p<0.1$），支持假设 H4-3b 政治嵌入性对公布企业社会责任认证公告后的股票积极反应的减弱作用，而不支持 H4-3a 政治嵌入性的强化作用。由此可以推断，企业通过担任全国人大代表或全国政协委员以寻求政治嵌入，也许会损害与企业社会责任认证公告相关的股票表现。一个可能的原因是，这种政治嵌入性通常被视为不相关的和非正式的，而不是那些以国有企业经营为特征的实质性和正式关系。这种观点认为，政治嵌入性企业获得认证不是因为他们有资格，而是他们偷工减料的一种政治策略，市场认为他们获得认证存在腐败。此外，模型 2 也显示认知合法性变量（企业社会责任沟通频率）的系数不显著，说明该认知合法性变量没有调节作用。因此，假设 H4-4 不被支持。

表 4-4　截面回归结果

被解释变量	CAR（−1，0）	
模　　型	1	2
控制变量		
ROA	0.000	0.001
	0.001	0.000
企业规模（ln_assets）	−0.001	−0.001
	0.001	0.002
客户压力（是＝1）	−0.014**	−0.013**
	0.006	0.006

续表

被解释变量	CAR (−1, 0)	
模　型	1	2
出口/%	0.010	0.011
	0.015	0.014
再次认证（是＝1）	−0.012**	−0.011**
	0.005	0.005
调节变量		
政府所有权（国有企业＝1）		0.012**
		0.006
政治嵌入性（是＝1）		−0.006*
		0.007
CSR 沟通频率		−0.001
		0.001
常数	0.034	0.030
	0.067	0.044
观察值	210	210
R^2	0.050	0.081
Root MSE	0.035 6	0.036 6
F 值	2.38**	2.22**

注：**，* 表示在 1%，5% 和 10% 的水平下显著。

在控制变量方面，模型中客户压力系数和再认可系数均有统计学意义。盈利能力、企业规模和出口对企业公布社会责任认证公告后的股票表现影响不显著。

4.4.3　讨论

从回归结果中可以得出一些结论：第一，发布企业社会责任认证会给股市带来积极的影响；第二，两种社会政治因素对认证与绩效之间的关系有相反的调节作用，政府所有权对认证与绩效之间的关系有正向影响，政治嵌入性对认证与绩效之间的关系有负向影响；第三，企业社会责任沟通频率对两者之间的关系没有调节作用。

支持假设 H4-1 中国企业发布企业社会责任认证与其股票表现存在正相关关系，这与之前的研究结果一致（Bouslah et al.，2010）。然而，我们的研究表明，这些公司在首次认证和再次认证方面的公告有不同程度的正向异常回报。具体来说，包含首次认证公告的子样本比包含再次认证公告的子样本能引起更高的股价上涨，而再次认证公告没有引起显著的股票反应。因为投资者往往对包含企业社会责任认证新信息的公告比对再次认证的公告更敏感，所以这样的结果是合理的。这或许可以解释一些现有研究的结果，例如，Paulraj et al.（2011）发现，当再次认证的公告作为一个整体纳入样本时，与股票反应没有正相关关系。此外，文献中没有做太多的工作来区分首次认证和再认证，因此，也没有去努力调查和比较这两种类型的财务收益，如 Heras-Saizarbitoria et al.（2011）。

回归结果支持假设 H4-2，具有较高的来自政府的社会政治合法性的国有企业比私营企业对股票有更强的正面影响。与 Faccio（2006）相比，Faccio 分析了拥有较高合法性的中国国有企业如何有利于其资源/信息获取、经营偏好等。我们的研究进一步给出了实证证据，表明国有企业通过宣布企业社会责任认证，可以从更高的社会政治合法性中获得更好的股票绩效。这一结果是合理的，因为在我们的样本中，拥有 CSR 证书的中国国有企业通常被包括股票投资者在内的公众认为更有能力实质性地实施可持续运营，因为国有企业更容易获得资源，也受到政府更多的监督。因此，投资者对宣布企业社会责任认证的国有企业的反应更为积极。

本研究还探讨了另一种社会政治合法性的作用，即政治嵌入性。结果表明，政治嵌入性减弱了企业社会责任认证与股票绩效之间的正相关关系，这主要有两个原因。首先，这种与政府相关的政治嵌入性被认为是无关的和非正式的，而不是影响国有企业经营的实质的和正式的关系。例如，中国投资者可能认为具有政治嵌入性的公司往往只是象征性地而不是实质性地履行 CSR 报告（Marquis et al.，2013），这在一定程度上解释了我们的结果。然而，他们没有研究这种政治嵌入性是否会影响企业采用企业社会责任实践带来的财务收益。其次，这种嵌入性给企业带来的好处可能比给管理层个人带来的好处少，而代价则是政府加大了监管力度，这在 Marquis et al.（2013）的研究文献中可见。

此外，我们从认知合法性的角度来解释企业公布企业社会责任认证后，市场对企业股票绩效的反应。我们使用认知合法性的一个维度，即企业社会责任沟通频率来检验这一论点。结果发现不存在强化影响，这意味着通过频繁地发布与企业社会责任相关的报告来提高企业社会责任的认知合法性，并不会对发布企业社会责任认证公告后的财务绩效产生影响。这也表明，中国投资者对企业自身发布的社会责任报告的信任度要低于对第三方机构出具的社会责任证书的信任度。这与 Sun et al.（2010）已有研究的结论是一致的，即企业社会责任的披露不会带来财务回报。

4.5 本章小结

本章探讨了中国企业将企业社会责任认证作为一种合法的经营行为是否能够使其获得更好的市场价值，以及在制度合法性的条件下如何影响这种效果。制度合法性从社会政治合法性和认知合法性两个方面进行考察。前者用与政府相关的两个代理变量——政府所有权和政治嵌入性来衡量，而后者用企业社会责任沟通频率作为代理变量来衡量。本书以中国上市企业发布的 210 项企业社会责任认证公告为研究对象，考虑制度合法性的作用，我们实证调查了市场对基于认证公告的股票绩效的反应。事件研究和横截面回归分析的结果表明，发布企业社会责任认证有利于企业的股票绩效，在国有企业中影响更强，但在政治嵌入性企业中的影响较弱。此外，从认知合法性角度看，企业不会因公告而带来绩效收益。管理人员需要了解企业社会责任认证公告如何影响其企业的市场价值，以及在获得认证的过程中制度合法性对绩效的影响。

第 5 章
供应链上企业社会责任
实践与未来研究

5.1 企业社会责任实践动机及价值

5.1.1 中小型供应商在客户压力下开展企业社会责任实践的动机

基于以往的研究和实际的商业环境，笔者认为，中小型供应商的企业社会责任实践是由客户压力驱动的，而动态能力可以调节客户压力对企业社会责任实践产生的影响。在前人研究的基础上，我们设计了问卷题项来衡量中国中小型供应商的企业社会责任实践水平、客户压力以及动态能力。基于层次回归分析的研究采用了333条中国中小型供应商的实证数据，其结果支持了我们的大多数假设。

另外，我们探讨了五种动态能力对假设关系的调节作用。通过揭示这些动态能力的调节机制，我们对现有的企业社会责任研究做出了贡献。结果表明，我们提出的五种动态能力对假设关系具有调节作用，甚至能把负相关的关系变成正相关的关系（例如，当知识获取能力较弱时，客户压力与绿色实践呈负相关；当知识获取能力较强时，客户压力与绿色实践呈正相关），或者能改变关系的强度（例如，当供应链重建因素较低时，客户压力与企业绩效呈弱正相关关系；当供应链重建因素较高时，客户压力与企业绩效呈强相关关系。）总之，动态能力的开发对于中小型供应商企业社会责任的实施具有重要意义。此外，中小型供应商还应努力寻找建立和提高动态能力的途径。

5.1.2　通过 CSR 认证为重点企业（客户）创造价值

本书增进了对中国大型企业的社会责任认证合法性，以及市场对其努力的反应的认识。基于以往文献，我们假设企业社会责任认证的发布是一种战略性的合法化行动，从合法性的角度创造了正向的股票市场回报。本书通过研究制度合法性因素对与企业社会责任认证相关的财务绩效的影响，对以往的文献进行扩展。通过分析 210 家中国上市公司在企业社会责任认证公告后的股票收益，我们认为中国股市对企业社会责任认证公告的反应是积极的，特别是对首次申请企业社会责任认证的企业。因此，中国企业应该更频繁地向投资者公开企业社会责任证书。

此外，本书还揭示了两类制度合法性因素的影响。一是政府所有权和政治嵌入性两种不同类型的社会政治合法性因素对企业社会责任认证后股票收益的调节作用。我们认为，中国国有企业通过企业社会责任认证公告获得的股票收益高于非国有企业。然而，具有政治嵌入性的企业，从企业社会责任认证公告中获得的股票收益较少。因此，寻求通过企业社会责任认证获得高回报的公司应该减少这种社会政治合法性因素。二是以企业社会责任沟通频率作为变量衡量的认知合法性因素，它没有调节作用，即企业社会责任沟通频繁既不能提高也不能降低企业社会责任认证公告所产生的正股票收益。

5.2　供应链上企业社会责任实践的管理启示

5.2.1　企业社会责任在供应链中发展的理论意义

一方面，本书通过分析动态能力的调节作用，探讨了客户压力对中小型供应商企业社会责任实践的影响。从理论角度来看，本书扩展了以往关于中小型供应商客户压力与企业社会责任实践之间关系的文献（Baden et al.，2009），并将动态能力的影响联系起来。基于以往文献并考虑中小型供应商企业社会责任实践的特点，我们提出了五种动态能力，它们可以显著影响在中小型供应商中由客户压力驱动的企业社会责任实践的效果。此外，我们提供了关于动态能力是否可以促进中小型供应商开展企业社会责任实践的实证证据，这对于未来中小型供应商动态能力和企业社会责任实践的研究具有重要的指导意义。

另一方面，本书在前人研究的基础上，考虑制度合法性因素的调节作用，构建了企业社会责任认证公告与股票表现关系的理论框架，并利用基于多来源的二手数据的事件研究方法对该框架进行了实证检验。我们的分析为未来的研究提供了三个主要的启示：第一，本书关注制度合法性因素对与企业社会责任认证相关的财务绩效的影响。该领域的以往文献忽略了社会政治合法性和认知合法性的制度因素对与认证相关的股票绩效的影响。本书表明，作为社会政治合法性衡量指标的政府所有权正向调节与企业社会责任认证相关的股票绩效；而政治嵌入性负向调节上述关系。第二，本书强调了合法性的重要性。我们的研究进一步推进了合法性理论，表明在拥有强大国有企业的新兴国家，社会政治合法性确实会通过合法性框架影响组织的绩效。本书从战略层面和制度层面分析了合法性的影响，论证了制度层面对社会政治合法性的不同影响，即政府所有权和政治嵌入性对与企业社会责任认证相关的股票收益的影响不同。第三，从技术角度来看，我们的研究解决了在认证样本中区分首次认证公告和再次认证公告的需求。根据我们的研究结果，首次认证比再次认证更有利于股票收益的增加。研究人员应更加注意样本的采集。

5.2.2 企业社会责任在供应链中应用的实践意义

我们的统计结果也对一些中小型供应商、大客户以及政策制定具有实际意义。首先，考虑到来自客户的压力越来越大，中国的中小型供应商应该在履行社会责任方面付出更多的努力。并且，由于几乎所有在客户压力下的企业社会责任实践都受到这五种动态能力的调节，因此中小型供应商应该努力提高其动态能力，这可以通过与客户更密切的合作来实现。此外，客户，特别是发达地区的大客户，不仅要对中小型供应商施加压力，要求其采取社会责任行动，还要与中小型供应商企业合作，为其中小型供应商培养动态能力。只有那些具有较高动态能力的中小型供应商在感受到客户的压力时，才能更好地完成企业社会实践。最后，政府需要为中小型供应商企业动态能力的发展提供支持，如提供财政补贴或引进技术。

本书的分析为核心企业提供了一些见解：

首先，企业应公开其首次获得的企业社会责任认证，对投资者来说，这对企业的可持续发展以及有利的股票绩效将是一个积极的信号。但是，企业在没有得到认证的情况下发布企业社会责任报告，对股价没有任何影响。这一结果表明，除非企业获得了第三方认证，否则持续自我发布企业社会责任报告无助于企业获得经营合法性。因此，我们建议中国企业通过第三方机构认证获得外部对其可持续经营的认可。

其次，关于政府所有权的作用，一旦中国国有企业公布了自己的认证，他们在追求可持续经营方面就有了更大的合法性，这可能是因为他们有政府参与的运作背景（如由政府任命的秘书监督企业的运作）。政府要求中国的国有企业承担更多的社会责任，而企业社会责任证书的公布反映了企业的努力，被股票投资者认为是值得信赖的。因此，中国的国有企业高度符合政府对可持续经营的期望。

再次，我们对政治嵌入性的调节效应的分析表明，即使有认证，由人大代表或政协委员担任首席执行官也可能会削弱企业社会责任实践的合法性。股票投资者也可能会质疑这首席执行官是否真的关心甚至理解可持续运营，因为企业社会责任认证的申请和实施通常由中层管理人员完成。这些中层管理人员应更经常地向首席执行官报告运营中的环境和社会管理情况，并向其提出适当的政策建议。

最后，在政府看来，政府对企业（即国有企业）的正式认可和支持有助于提高企业可持续经营的合法性，因为利益相关者对企业的信任度更高，这有利于提升企业的财务绩效。除了所有权外，政府还可以扩展到评估拥有认证的公司的可持续运营，并宣传拥有良好实践的公司，以告知利益相关者，这可以帮助这些公司增加其经营的合法性，提高业绩。此外，如果政府可以开发试点和示范项目，以支持一些主动进行企业社会责任实践的先行者，也是有帮助的。

5.3　未来的研究

本书的一个不足之处在于在理论框架内描述供求关系的数据有限。由于中小型供应商在客户压力下的企业社会责任实践动机无法通过收集二手数据进行测试，所以中小型供应商和核心企业之间的联系并没有反映在数据收集过程中。未来的研究应考虑从其他来源收集数据来建立两者之间的联系。

对中小型供应商中由客户驱动的企业社会责任实践的研究仍然存在一定的局限性。第一，我们只收集中国公司的数据。一项国际比较的研究可能更有说服力来支持我们的研究结果。未来的研究可以通过从发达国家的公司收集数据来测试我们的模型以解决这一局限性。第二，与以往大多数企业层面的实证研究相似，虽然统计分析表明我们的模型具有较高的可靠性，但本研究的样本量相对较小。第三，现实环境下的商业环境更加复杂。我们只分析了五种动态能力的作用，这可能导致在描述企业社会责任实践机制的整体图景中显示的证据有限。未来的研究可从组织文化等其他情境因素入手，进一步探讨其作用机制。第四，由于我们的研究重点是动态能力及其对客户压力与企业社会责任实践之间关系的调节作用，因此，根据因子分析结果，我们将多个客户压力项合并为一个因子。然而，不同类型的客户压力（即来自合同的压力或非正式的压力）可能会对中小型供应商实施企业社会责任产生不同的动机。未来的研究应该探索这些差异。第五，我们认为动态能力是通过遵守核心企业对企业社会责任实践的要求来有效应对核心企业压力的能力。然而，一些具有高动态能力的中小型供应商可能会通过抵制核心企业来回应核心企业。在这种情况下，机制和结果应该是非常不同的。

有几个问题影响了核心企业通过企业社会责任认证创造价值的解释。首先，估算价值创造的样本量相对较小。在样本收集过程中，我们通过搜索多家新闻数据库来收集中国上市公司的新闻公告。不幸的是，由于大多数中国企业采用了企业社会责任认证但不愿公布，因此，样本规模受到了限制。未来在其他国家进行的研究可能采用更大的样本量。其次，我们的研究将所有企业社会责任认证作为提高财务绩效的相同工具进行分析。然而，企业社会责任认证有不同的导向。例如，ISO 14001 是一种以过程为导向的认证，它改善了企业对环境的管理过程。而环境标识产品认证是一种以产品为导向的认证，它检查产品的绿色程度。在不同的产品/过程导向类型下，这种市场反应值得好好研究，以评估这些因素之间的相对关系强度。再次，在方法论上，本书沿用了前人的研究方法，采用市场模型来计算异常收益。但是，为了增强统计结果的稳健性，可以开发并检验其他模型，如 Fama 和 French 的四因子模型。同样，对因变量和自变量进行更多的稳健性检验，可以有助于验证研究结果。最后，我们的研究可以在其他合适的制度环境中复制。概念模型可以复制；解释变量和因变量，以及我们用作企业社会责任沟通频率测量的认知合法性因素，也可以直接复制。然而，两个政治合法性因素（政府所有权和政治嵌入性）可能是不同的，需要在其他制度背景下采用同等的措施加以调整。例如，美国也存在国有企业，但比中国国有企业更独立于政府；一些公司通过游说和作证等政治活动建立政治嵌入（Lord，2000）。

附　录　1

本书的研究路径图：

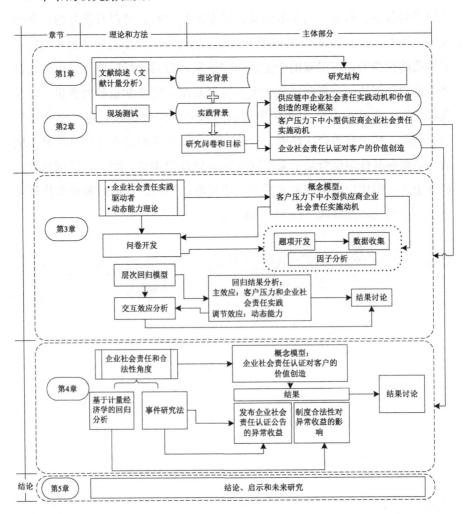

附 录 2

关于客户压力、企业社会责任实践和中小型供应商动态能力的问卷调查：

1. 请根据贵公司企业社会责任实践的实际情况，选择以下项目

请从 1—5 中选择 1 个数字	1＝没有考虑过；2＝考虑和讨论过，但不确定是否实施；3＝已经计划要实施；4＝已经开始实施；5＝成功执行	
	(1) 制订战略、目标和指标，反映其对社会责任的承诺〔（Zhu et al.，2016）和 ISO 26000〕	1 2 3 4 5
	(2) 建立一个负责社会责任问题的部门〔（Zhu et al.，2016)和 ISO 26000〕	1 2 3 4 5
	(3) 高级经理认可与供应商和客户在社会责任实践方面的合作〔（Zhu et al.，2016）和 ISO 26000〕	1 2 3 4 5
Ⅰ. 组织治理	(4) 提供经济和非经济激励来激励企业社会责任实践〔（Zhu et al.，2016）和 ISO 26000〕	1 2 3 4 5
	(5) 实施企业社会责任实践并记录其进展〔（Zhu et al.，2016）和 ISO 26000〕	1 2 3 4 5
	(6) 定期审查和评估企业社会责任治理过程，并在需要时做出调整〔（Zhu et al.，2016）和 ISO 26000〕	1 2 3 4 5
	(1) 设计产品时考虑产品或部件的再利用、材料的回收或重获〔Zhu et al.，2008〕	1 2 3 4 5
Ⅱ. 环境	(2) 实施全面的材料节约计划（Amores-Salvadó，2014)	1 2 3 4 5
	(3) 投资绿色设备和技术（Lee，2014)	1 2 3 4 5
	(4) 对环境技术创新的信息化管理（Christmann et al.，2001)	1 2 3 4 5

请从1—5中选择1个数字	1＝没有考虑过；2＝考虑和讨论过，但不确定是否实施；3＝已经计划要实施；4＝已经开始实施；5＝成功执行	
	（5）与客户合作进行生态设计（Zhu et al.，2016；Zhu et al.，2013）	1　2　3　4　5
Ⅱ.环境	（6）制订措施，如销售多余库存或材料（Vachon，2007）	1　2　3　4　5
	（7）销售多余设备（Zhu et al.，2013）	1　2　3　4　5
Ⅲ.人权	（1）持续努力保障员工权益（如良好的员工薪酬和员工生活条件）（Zhu et al.，2016）	1　2　3　4　5
	（2）制订控制潜在侵犯员工权利事件的流程（Zhu et al.，2016）	1　2　3　4　5
	（3）建立规则以避免员工权利被侵犯（如避免雇用未成年工人）（Zhu et al.，2016）	1　2　3　4　5
	（4）加强所有员工之间的沟通，化解不满（Zhu et al.，2016）	1　2　3　4　5
Ⅳ.劳工实践	（1）尊重员工和雇佣关系（Zhu et al.，2016）	1　2　3　4　5
	（2）工作安全和员工健康条件的保障要求（如辐射防护）（Zhu et al.，2016）	1　2　3　4　5
	（3）建立专业的健康安全管理体系（Zhu et al.，2016）	1　2　3　4　5
Ⅴ.公平运营	（1）基于公平竞争原则对待供应商（如供应商的利润空间和结算周期的保证）（Zhu et al.，2016）	1　2　3　4　5
	（2）在公平竞争的基础上为客户争取更多的利润（如通过运营管理降价和延期付款）（Zhu et al.，2016）	1　2　3　4　5
	（3）尊重知识产权保护（Zhu et al.，2016）	1　2　3　4　5
	（4）尊重当地人民的权利（Zhu et al.，2016）	1　2　3　4　5
Ⅵ.消费者问题	（1）利用事实和公正的信息实施公平的营销实践（Zhu et al.，2016）	1　2　3　4　5
	（2）生产保护消费者健康和安全的产品（Zhu et al.，2016）	1　2　3　4　5
	（3）为消费者提供服务和支持，特别是投诉和争议的解决（Zhu et al.，2016）	1　2　3　4　5
	（4）保障消费者数据和隐私安全（Zhu et al.，2016）	1　2　3　4　5
Ⅶ.社区参与和发展	（1）参与并支持当地社区的发展（Zhu et al.，2016）	1　2　3　4　5
	（2）在公司的人力资源战略中考虑当地的就业需求（Zhu et al.，2016）	1　2　3　4　5

请从 1—5 中选择 1 个数字	1＝没有考虑过；2＝考虑和讨论过，但不确定是否实施；3＝已经计划要实施；4＝已经开始实施；5＝成功执行					
Ⅶ. 社区参与和发展	（3）通过与当地政府、企业、大学的合作，努力促进技术开发和获取（Zhu et al.，2016）	1	2	3	4	5
	（4）将资源投资于旨在改善社区生活的社会方面的倡议和计划中（Zhu et al.，2016）	1	2	3	4	5

2. 以下项目请根据贵公司的实际情况选择

请从 1—5 中选择 1 个数字	1＝完全不同意；2＝部分不同意；3＝不确定；4＝部分同意；5＝完全同意					
	（1）客户在正式协议中明确了详细的企业社会责任实践要求（如员工的工资水平、发放工资的时间表、公司纳税）（Zhou et al.，2014）	1	2	3	4	5
	（2）客户与我们公司有具体、详细的 CSR 协议（Zhou et al.，2014）	1	2	3	4	5
客户压力	（3）客户要求我们公司每年提交 CSR 相关报告（Vidal-Leon，2013）	1	2	3	4	5
	（4）客户要求我们公司策划与 CSR 相关的改进活动（如员工生活条件的改善）（Vidal-Leon，2013）	1	2	3	4	5
	（5）客户定期实地考察，审核我们公司的 CSR 实践情况（如一年至少一次）（Vidal-Leon，2013）	1	2	3	4	5

3. 请根据贵公司动态能力的实际情况，对以下项目进行选择

请从 1—5 中选择 1 个数字	1＝完全不同意；2＝部分不同意；3＝不确定；4＝部分同意；5＝完全同意					
	（1）我们公司可以从客户、供应商和竞争对手那里快速获取知识（Sarkis et al.，2011）	1	2	3	4	5
Ⅰ. 知识获取	（2）我们公司与客户和供应商共享一套管理软件或流程，所有利益相关者可以直接掌握信息（Zollo et al.，2002）	1	2	3	4	5
	（3）我们公司向员工及时分享知识和信息（Eisenhardt et al.，2000）	1	2	3	4	5

续表

请从 1—5 中选择 1 个数字	1＝完全不同意；2＝部分不同意；3＝不确定；4＝部分同意；5＝完全同意					
Ⅱ. 共同发展	(1) 与供应链成员共同开发产品或工艺（Zollo et al.，2002）	1	2	3	4	5
Ⅲ. 供应链合作伙伴发展	(1) 与供应商共享信息，帮助他们提高效率（Zollo et al.，2002）	1	2	3	4	5
	(2) 与供应商合作或提供 CSR 相关的培训，特别是环境管理方面的（Zollo et al.，2002）	1	2	3	4	5
Ⅳ. 供应链重建	(1) 包括非政府组织在供应链中的影响（Zollo et al.，2002）	1	2	3	4	5
	(2) 我们公司的供应链受到社区、政府和其他利益相关者的限制（Zollo et al.，2002）	1	2	3	4	5
Ⅴ. 灵活性	(1) 公司内部的信息有跨部门的透明度（Zollo et al.，2002；Barreto，2010）	1	2	3	4	5
	(2) 合伙人的质量控制/审计（Anand et al.，2009）	1	2	3	4	5

附表 2-1 客户压力的旋转成分矩阵[a]

因　　　素	成分
客户在正式协议中明确了详细的 CSR 实践要求（如员工的工资水平、发放工资的时间表、公司纳税）	0.818
客户与我们公司有具体、详细的 CSR 协议	0.840
客户要求我们公司每年提交 CSR 相关报告	0.892
客户要求我们公司策划与 CSR 相关的改进活动（如改善员工的生活环境）	0.884
客户定期实地考察，审核我们公司的 CSR 实践情况（如一年至少一次）	0.839

提取方法：主成分分析；
旋转方法：采用 Kaiser 归一化法的正交旋转法；
a. 在 7 个迭代中收敛旋转。

附表 2-2 企业社会责任实践的旋转成分矩阵[a]

因　　　素	CG	GP	ESC	CI
设计产品或在其制造过程中应考虑避免或减少使用危险材料	0.437	0.680	0.208	0.074
实施全面的材料节约计划	0.423	0.691	0.231	0.089

因　　　素	CG	GP	ESC	CI
投资绿色设备和技术	0.379	0.637	0.272	0.171
对环境技术创新并进行信息化管理	0.292	0.652	0.295	0.155
与客户合作进行生态设计	0.306	0.733	0.236	0.221
制订措施，如销售多余库存或材料	0.395	0.717	0.162	0.154
制订反映其社会责任承诺的战略、目标和指标	0.321	0.141	0.745	0.104
设立负责社会责任问题的部门	0.141	0.064	0.813	0.213
高级经理认可与供应商和客户在社会责任实践方面的合作	−0.015	0.052	0.798	0.230
提供经济和非经济奖励来激励企业社会责任实践	0.146	0.294	0.711	0.061
实施企业社会责任实践并记录其进展	0.109	0.260	0.753	0.210
定期回顾和评估企业社会责任治理过程，并在需要时做出调整	0.055	0.291	0.684	0.210
持续努力保障员工权益（如良好的员工薪酬和员工生活条件）	0.830	0.205	0.184	0.061
制订流程来控制潜在的侵犯员工权利的事件	0.787	0.129	0.222	0.087
建立规则以避免侵犯员工权益（如不雇用未成年工人）	0.790	0.187	0.224	0.082
加强员工之间的沟通，解决员工的不满	0.794	0.235	0.136	0.084
尊重员工和雇佣关系	0.802	0.212	0.081	0.107
工作安全和员工健康条件（如防辐射保护）的保障要求	0.802	0.251	0.049	0.127
建立专业的健康安全管理体系	0.748	0.343	0.086	0.145
以公平竞争的原则对待供应商（如保证供应商合理的利润空间，保证结算周期等）	0.712	0.187	0.051	0.007
在公平竞争的原则下，为客户争取更多的利润（如通过运营管理进行降价和延期付款）	0.711	0.185	0.038	0.010
尊重知识产权保护	0.808	0.261	0.124	0.137
尊重当地人民的权利	0.751	0.283	0.142	0.130
以事实和公正的信息实施公平的营销实践	0.746	0.261	0.103	0.185
生产保护消费者健康和安全的产品	0.735	0.206	0.102	0.234
为消费者提供服务和支持，特别是投诉和争议的解决	0.722	0.260	0.038	0.212

续表

因　　素	CG	GP	ESC	CI
保障消费者数据和隐私安全	0.713	0.237	0.112	0.293
参与并支持当地社区的发展	0.328	0.048	0.169	0.724
在公司的人力资源战略中考虑当地的就业需求	0.274	0.282	0.305	0.615
通过与当地政府、企业和大学的合作，努力促进技术开发和获取	0.009	0.202	0.280	0.794
将资源投资于旨在改善社区生活的社会方面的倡议和计划中	0.181	0.126	0.336	0.716

提取方法：主成分分析；
旋转方法：采用 Kaiser 归一化法的正交旋转法；
a. 在 7 个迭代中收敛旋转。

附表 2-3　动态能力的旋转成分矩阵[a]

因　　素	成　　　　分				
	KA	CoD	SCPD	SCRe	Flexi
我们公司可以从客户、供应商和竞争对手那里快速获取知识	0.608	0.467	0.403	0.183	0.265
我们公司与客户和供应商共享一套管理软件或流程，所有利益相关者可以直接掌握信息	0.684	0.327	0.365	0.281	0.139
我们公司向员工及时分享知识和信息	0.763	0.182	0.267	0.341	0.267
我们公司与供应商共享信息，帮助他们提高效率	0.321	0.277	0.757	0.246	0.239
我们公司与供应商合作或提供企业社会责任方面的培训，特别是环境管理方面的	0.325	0.289	0.744	0.294	0.164
包括非政府组织在供应链中的影响力	0.381	0.272	0.205	0.759	0.148
我们公司的供应链受到社区、政府和其他利益相关者的限制	0.193	0.269	0.309	0.761	0.283
我们公司与供应链成员共同开发产品或工艺	0.289	0.272	0.259	0.301	0.812
公司内部的信息有跨部门的透明度	0.316	0.719	0.298	0.218	0.345
合伙人的质量控制/审计	0.230	0.806	0.265	0.349	0.124

提取方法：主成分分析；
旋转方法：采用 Kaiser 归一化法的正交旋转法；
a. 在 7 个迭代中收敛旋转。

附表 2-4 CSR 实践的回归结果(CG,GP,ESC,CI)

被解释变量	CG				GP				ESC				CI			
模型	(1a)	(1b)	(1c)	(1d)	(2a)	(2b)	(2c)	(2d)	(3a)	(3b)	(3c)	(3d)	(4a)	(4b)	(4c)	(4d)
控制变量																
成立时间/年	0.27***	0.24***	0.21***	0.19***	0.26***	0.24***	0.24***	0.21***	0.10$^+$	0.07	0.09$^+$	0.06	0.24***	0.19***	0.18***	0.17***
	0.05	0.05	0.05	0.05	0.05	0.05	0.05	0.05	0.05	0.05	0.05	0.05	0.05	0.04	0.05	0.05
解释变量																
CP		0.33***	0.49***	0.37***		0.17***	0.16$^+$	−0.03		0.35***	0.14$^+$	−0.06		0.54***	0.49***	0.41***
		0.05	0.08	0.08		0.05	0.08	0.08		0.05	0.08	0.08		0.03	0.07	0.07
调节变量																
KA			0.15*	−0.04			0.16$^+$	−0.20*			0.09	0.27**			0.01	−0.13
			0.08	0.09			0.09	0.09			0.08	0.09			0.07	0.09
CoD			−0.13	−0.12			0.08	0.06			0.03	0.03			0.10	0.08
			0.08	0.08			0.08	0.08			0.08	0.07			0.07	0.07
SCPD			0.15*	0.15*			0.03	−0.08			−0.04	−0.15$^+$			−0.04	−0.09
			0.08	0.08			0.09	0.09			0.09	0.08			0.08	0.08
SCRe			0.02	−0.04			−0.19*	−0.19*			−0.00	−0.02			0.09	0.10
			0.09	0.09			0.09	0.08			0.09	0.08			0.08	0.08
Flexi			−0.10	−0.16$^+$			0.26**	0.15$^+$			0.41***	0.30***			−0.05	−0.10
			0.09	0.09			0.09	0.09			0.09	0.08			0.08	0.08

系数标准误差

续表

被解释变量	CG				GP				ESC				CI			
模　型	(1a)	(1b)	(1c)	(1d)	(2a)	(2b)	(2c)	(2d)	(3a)	(3b)	(3c)	(3d)	(4a)	(4b)	(4c)	(4d)
交互项																
CP×KA				0.21***				0.43***				0.47***				0.15**
				0.06				0.05				0.05				0.05
CP×CoD				0.12*				0.17***				0.17***				0.05
				0.05				0.05				0.05				0.05
CP×SCPD				0.19***				0.29***				0.29***				0.09
				0.05				0.05				0.05				0.05
CP×SCRe				0.14**				0.22***				0.29***				0.04
				0.05				0.05				0.05				0.05
CP×Flexi				0.15**				0.21***				0.25***				0.01
				0.05				0.05				0.05				0.05
观察值		333				333				333				333		
RMSEA	0.00	0.40	0.00	0.00	0.00	0.46	0.00	0.00	0.00	0.45	0.00	0.00	0.00	0.41	0.00	0.00
调节 R^2	0.05**	0.10***	0.17***	0.19***	0.04*	0.06**	0.08***	0.20***	0.01	0.07***	0.15***	0.27***	0.03*	0.16***	0.24***	0.29***
步长 χ^2	0.00***	656***	60.5***	89.4***	19***	502***	25.6***	68.2***	0.00	488***	68.2***	157***	0.00	393***	159***	150.7*
模型 χ^2	25.3***	722***	79.2***	97.7***	22.7***	535***	46.9***	99.3***	3.17+	535***	74.2***	142***	19.8***	535***	147***	160***

注：+表示 $p<0.1$，*表示 $p<0.05$，**表示 $p<0.01$，***表示 $p<0.001$。

附　录　3

用于评估样本自选择偏差的倾向得分匹配结果：

我们采用倾向得分匹配方法创建一组匹配的公司，他们不发布企业社会责任认证。我们最初的公司由 2003 年至 2019 年在上海证券交易所和深圳证券交易所交易的所有公司组成。我们排除 B 股（外资）公司，提出了一种两步生成匹配样本的方法。在第一步中，使用 logistic 回归来估计倾向得分。回归方程如表达式（1）所示。在第二步中，这些公司是根据与样本公司匹配的最接近的倾向得分来衡量的。PSM 匹配模型的估计如表 A1 所示，基于匹配公司和样本公司的描述性统计如表 A2 所示。

$$ln(\frac{p}{1-p}) = \beta_0 + \beta_1[\ln(总资产)] + \beta_2(托宾\ Q\ 值) + \beta_3(财务杠杆) +$$
$$\beta_4(存货周转率) + \beta_5(年度股票回报) +$$
$$\beta_6(分析师关注度) + \beta_7(年份) + \beta_8(行业)$$

式（1）

附表 3-1　计算倾向得分的 logistic 回归结果

变　　量	估　计　值	z 值
总资产的对数	0.249***	4.24
托宾 Q 值	−0.004	−0.11
财务杠杆	0.000	0.20
存货周转率	0.004	−1.06

续表

变　　量	估　计　值	z 值
年度股票回报	−0.383**	−2.01
分析师关注度	0.005	0.58
固定效应	年份，行业	
样本数	31 909	
伪决定系数 R^2	0.016 4	

注：双尾检验具有显著性。* 表示 $p \leqslant 0.1$，** 表示 $p \leqslant 0.05$，*** 表示 $p < 0.01$。

附表 3-2　描述性统计的公司组和 PSM 匹配的控制公司

变　　量	样本公司 （$N=181$）		匹配公司 （$N=181$）	
	均　值	标准差	均　值	标准差
公告倾向	0.007	0.003	0.007	0.003
总资产的对数	22.448	1.510	22.416	1.520
托宾 Q 值	1.792	1.823	1.923	2.115
财务杠杆	2.196	3.260	1.599	2.561
存货周转率	8.168	32.839	7.633	15.145
年度股票回报	0.340	0.374	0.330	0.390
分析师关注度	7.967	9.385	8.46	11.114

附表 3-3　210 项样本公告的统计性描述

模块 A: 样本公告发布年份的观察值分布情况		
年　份	观察值/个	占比/%
2003	5	2.38
2004	3	1.43
2005	3	1.43
2006	3	1.43
2007	6	2.86
2008	4	1.90
2009	2	0.95
2010	4	1.90

模块 A：样本公告发布年份的观察值分布情况

年 份	观察值/个	占比/%
2011	14	6.67
2012	16	7.62
2013	21	10.00
2014	22	10.48
2015	28	13.33
2016	20	9.52
2017	51	24.29
2018	8	3.81
共计	210	100.00

模块 B：样本企业发布公告前最近一个财政年度的描述性统计

测　　量	均　值	中　值	标准差	最小值	最大值
总资产/百万美元	5 346.67	813.96	23 047.07	30.56	229 896.69
销售额/百万美元	6 530.98	523.03	43 840.01	7.43	447 624.78
研发支出/百万美元	39.33	8.16	133.29	0.00	925.06
市值/百万美元	3 180.57	1 056.01	11 559.66	62.36	115 291.43

模块 C：样本公司基于行业的描述性统计

组	行　　业	观察值/个	占比/%
1	采掘业	14	6.67
2	电力、煤气及水的生产和供应业	2	0.95
3	房地产业	2	0.95
4	建筑业	8	3.81
5	交通运输和仓储业	3	1.43
6	农、林、牧、渔业	2	0.95
7	批发和零售贸易	3	1.43
8	信息技术业	8	3.81
9	制造业	167	79.52
10	其他	1	0.48
	共计	210	100

附表 3 - 4　描述性统计和双变量相关性

变　量	均值	标准差	1	2	3	4	5	6	7	8	9
CAR(−1,0)	0.003	0.037	1								
盈利能力(ROA)	3.288	6.059	0.069	1							
企业规模(ln_assets)	22.619	1.590	−0.050	−0.085	1						
政府所有权	0.609	0.489	0.110*	−0.200***	0.360***	1					
客户压力	0.243	0.430	−0.130*	0.095*	−0.070	−0.093	1				
政治嵌入性	0.833	0.373	−0.080*	−0.043	0.150**	0.061	0.104*	1			
出口	0.134	0.195	0.083	−0.034	−0.280***	0.054	0.011	0.032	1		
CSR 沟通频率	1.742	2.590	−0.090	−0.200**	0.434***	0.230***	−0.200**	0.130*	−0.050	1	
再次认证	0.595	0.492	−0.100***	−0.130*	0.090	0.055	−0.120	0.021	−0.060	0.270***	1

注: ***、**和*表示在 1%、5% 和 10% 的水平下显著。

参考文献

Abadie, A. & Imbens, G. W. (2006). "Large sample properties of matching estimators for average treatment effects", Econometrica, 74, 235 – 267.

Acquier, A., V aliorgue, B. & Daudigeos, T. (2017). "Sharing the shared value: a transaction cost perspective on strategic CSR policies in global value chains", Journal of Business Ethics, 144, 139 – 152.

Adams, C. & Frost, G. (2007). "Managing social and environmental performance: do companies have adequate information?", Australian Accounting Review, 17, 2 – 11.

Agarwal, R., Selen, W., Sajib, S. & Scerri, M. (2014). "Dynamic capability building in service networks: an exploratory case study", The Journal of New Business Ideas & Trends, 12, 27 – 41.

Agle, B. R., Donaldson, T., Freeman, R. E., Jensen, M. C., Mitchell, R. K. & Wood, D. J. (2015). "Dialogue: toward superior stakeholder theory", Business Ethics Quarterly, 18, 153 – 190.

Aguinis, H. & Glavas, A. (2013). "What corporate environmental sustainability can do for industrial-organizational psychology", Green organizations: Driving change with IO psychology, 379 – 392.

Aldrich, H. E. & Fiol, C. M. (1994). "Fools rush in? The institutional context of industry creation", Academy of Management Review, 19, 645 – 670.

Ambrosini, V. & Bowman, C. (2009). "What are dynamic capabilities and are they a useful construct in strategic management?", International Journal of Management Reviews, 11, 29 – 49.

An, X. & Wu, Q. (2011). "Co-word analysis of the trends in stem cells field based on subject heading weighting", Scientometrics, 88, 133 – 144.

Anand, G., Ward, P. T., Tatikonda, M. V. & Schilling, D. A. (2009). "Dynamic capabilities through continuous improvement infrastructure", Journal of Operations Management, 27, 444 – 461.

Arend, R. J. (2013). "Ethics-focused dynamic capabilities: a small business perspective", Small Business Economics, 41, 1 - 24.

Armstrong, J. S. & Overton, T. S. (1977). "Estimating nonresponse bias in mail Surveys", Journal of Marketing Research, 14, 396 - 402.

Auld, G. & Gulbrandsen, L. H. (2010). "Transparency in nonstate certification: Consequences for accountability and legitimacy", Global Environmental Politics, 10, 97 - 119.

Awaysheh, A. & Klassen, R. D. (2010). "The impact of supply chain structure on the use of supplier socially responsible practices", International Journal of Operations and Production Management, 30, 1246 - 1268.

Ayuso, S., Roca, M. & Colome, R. (2013). "SMEs as 'transmitters' of CSR requirements in the supply chain", Supply Chain Management-an International Journal, 18, 497 - 508.

Bai, C. & Sarkis, J. (2017). "Improving green flexibility through advanced manufacturing technology investment: modeling the decision process", International Journal of Production Economics, 188, 86 - 104.

Baker, E. W., Gnizy, I. & Grinstein, A. (2014). "Proactive learning culture: a dynamic capability and key success factor for SMEs entering foreign markets", International Marketing Review, 31, 477 - 505.

Balzarova, M. A. & Castka, P. (2012). "Stakeholders influence and contribution to social standards development: the case of multiple stakeholder approach to ISO 26000 development", Journal of Business Ethics, 111, 265 - 279.

Barreto, I. (2010). "Dynamic capabilities: a review of past research and an agenda for the future", Journal of Management, 36, 256 - 280.

Becker, T. E. (2005). "Potential problems in the statistical control of variables in organizational research: a qualitative analysis with recommendations", Organizational Research Methods, 8, 274 - 289.

Berman, L., Down, J. & Hill, L. (2002). "Tacit knowledge as a source of competitive advantage in the National Basketball Association", Academy of Management Journal, 45, 13 - 31.

Berrone, P., Fosfuri, A. & Gelabert, L. (2017). "Does greenwashing pay off? Understanding the relationship between environmental actions and environmental legitimacy", Journal of Business Ethics, 144, 363 - 379.

Beske, P., Land, A. & Seuring, S. (2014). "Sustainable supply chain management practices and dynamic capabilities in the food industry: a critical analysis of the literature", International Journal of Production Economics, 152, 131 - 143.

Bhattacharya, C. & Sen, S. (2004). "Doing better at doing good: when, why and how consumers respond to corporate social initiatives", California Management Review, 47, 9 - 24.

Bill, M. & Luke, P. (2004). "A study of procurement behaviour in small firms", Journal of Small Business and Enterprise Development, 11, 254 – 262.

Blowfield, M. (2003). "Ethical supply chains in the cocoa, coffee and tea industries", Greener Management International, 15 – 24.

Blowfield, M. & Murray, A. (2008). *Corporate responsibility: a critical introduction*, Oxford: Oxford University Press.

Boiral, O. & Gendron, Y. (2010). "Sustainable development and certification practices: lessons learned and prospects", Business Strategy and the Environment, 20, 331 – 347.

Bouslah, K., M'zali, B., Turcotte, M. -F. & Kooli, M. (2010). "The impact of forest certification on firm financial performance in Canada and the U. S", Journal of Business Ethics, 96, 551 – 572.

Braithwaite, J. (2006). "Responsive regulation and developing economies", World Development, 34, 884 – 898.

Brandenburg, M. & Rebs, T. (2015). "Sustainable supply chain management: a modeling perspective", Annals of Operations Research, 229, 213 – 252.

Brown, N. & Deegan, C. (1998). "The public disclosure of environmental performance information—a dual test of media agenda setting theory and legitimacy theory", Accounting and business research, 29, 21 – 41.

Brown, S. J. & Warner, J. B. (1985). "Using daily stock returns: the case of event studies", Journal of financial economics, 14, 3 – 31.

Bruns, A. (2012). "How long is a tweet? Mapping dynamic conversation networks on Twitter using Gawk and Gephi", Information Communication & Society, 15, 1323 – 1351.

Cai, Y., Jo, H. & Pan, C. (2012). "Doing well while doing bad? CSR in controversial industry sectors", Journal of Business Ethics, 108, 467 – 480.

Callon, M., Courtial, J., Turner, W. & Bauin, S., (1983). "From translations to problematic networks: an introduction to co-word analysis", Social Science Information, 22, 191 – 235.

Capelle-Blancard, G. & Petit, A. (2015). "The weighting of CSR dimensions: one size does not fit all", Business & Society, 56, 919 – 943.

Carroll, A. B. (1979). "A three-dimensional conceptual model of corporate performance", Academy of Management Review, 4, 497 – 505.

Carter, C. & Ellram, L. (2003). "Thirty-rve years of the journal of supply chain management: where have we been and where are we going?", Journal of Supply Chain Management, 39, 27 – 39.

Carter, C. & Rogers, D. (2008). "A framework of sustainable supply chain management: moving toward new theory", International Journal of Physical Distribution & Logistics Management, 38, 360 – 387.

Carter, C. R. (2000). "Ethical issues in international buyer-supplier relationships: a dyadic examination", Journal of Operations Management, 18, 191 – 208.

Carter, R. & Jennings, M. (2002). "Logistics social responsibility: an integrative framework", Journal of Business Logistics, 23, 145 – 180.

Chai, K. & Xiao, X. (2012). "Understanding design research: abibliometric analysis of design studies (1996—2010) ", Design Studies, 33, 24 – 43.

Chakrabarty, S. & Wang, L. (2012). "The long-term sustenance of sustainability practices in MNCs: a dynamic capabilities perspective of the role of R&D and internationalization", Journal of Business Ethics, 110, 205 – 217.

Chang, S. -J., Van Witteloostuijn, A. & Eden, L. (2010). "From the editors: common method variance in international business research", Journal of International Business Studies, 41, 178 – 184.

Chen, M. -J., Su, K. -H. & Tsai, W. (2007). "Competitive tension: the awareness-motivation-capability perspective", Academy of Management Journal, 50, 101 – 118.

Chen, Y. -C., Hung, M. & Wang, Y. (2018). "The effect of mandatory CSR disclosure on firm profitability and social externalities: evidence from China", Journal of Accounting and Economics, 65, 169 – 190.

Cheng, J., Y eh, C. & Tu, C. (2008). "Trust and knowledge sharing in green supply chains", Supply Chain Management: An International Journal, 13, 283 – 295.

Cheng, S., Lin, K. Z. & Wong, W. (2016). "Corporate social responsibility reporting and firm performance: evidence from China ", Journal of Management & Governance, 20, 503 – 523.

Chiu, T. K. & Wang, Y. H. (2015). "Determinants of social disclosure quality in Taiwan: an application of stakeholder theory", Journal of Business Ethics, 129, 379 – 398.

Cho, S. Y., Lee, C. & Pfeiffer, R. J. (2013). "Corporate social responsibility performance and information asymmetry", Journal of Accounting and Public Policy, 32, 71 – 83.

Christmann, P. & Taylor, G. (2006). "Firm self-regulation through international certifiable standards: determinants of symbolic versus substantive implementation", Journal of International Business Studies, 37, 863 – 878.

Clauset, A., Newman, M. & Moore, C. (2004). "Finding community structure in very large networks", Physical Review E, 70, 1 – 6.

Cobo, M., López-Herrera, A., Herrera-Viedma, E. & Herrera, F. (2011). "Science mapping software tools: review, analysis, and cooperative study among tools", Journal of the American Society for Information Science and Technology, 62, 1382 – 1402.

Cruz, J. (2008). "Dynamics of supply chain networks with corporate social responsibility through integrated environmental decision-making", European Journal of Operational Research, 184, 1005 – 1031.

Daboub, A. J. & Calton, J. M. (2002). "Stakeholder learning dialogues: how to preserve ethical responsibility in networks", Journal of Business Ethics, 41, 85 – 98.

Dahlsrud, A. (2008). "How corporate social responsibility is defined: an analysis of 37 definitions", Corporate Social Responsibility and Environmental Management, 15, 1 – 13.

Darnall, N. (2006). "Why firms mandate ISO 14001 certification?", Business & Society, 45, 354 – 381.

Davis, K. (1960). "Can business afford to ignore social responsibilities?", California Management Review, 2, 70 – 76.

Davis, K. (1973). "The case for and against business assumption of social responsibilities", Academy of Management Journal, 16, 312 – 322.

Deegan, C. & Blomquist, C. (2006). "Stakeholder influence on corporate reporting: an exploration of the interaction between WWF-Australia and the Australian minerals industry", Accounting, Organizations and Society, 31, 343 – 372.

Deegan, C., Rankin, M. & Tobin, J. (2002). "An examination of the corporate social and environmental disclosures of BHP from 1983 – 1997: a test of legitimacy theory", Accounting, Auditing & Accountability Journal, 15, 312 – 343.

Defee, C. & Fugate, S. (2010). "Changing perspective of capabilities in the dynamic supply chain era", International Journal of Logistics Management, 21, 180 – 206.

Delmas, M. & Toffel Michael, W. (2004). "Stakeholders and environmental management practices: an institutional framework", Business Strategy and the Environment, 13, 209 – 222.

Detienne, K. & Lewis, L. (2005). "The pragmatic and ethical barriers to corporate social responsibility disclosure: the Nike case", Journal of Business Ethics, 60, 359 – 376.

Ding, L., Lam, H. K. S., Cheng, T. C. E. & Zhou, H. (2018). "A review of short-term event studies in operations and supply chain management", International Journal of Production Economics, 200, 329 – 342.

Djupdal, K. & Westhead, P. (2013). "Environmental certification as a buffer against the liabilities of newness and smallness: firm performance benefits", International Small Business Journal, 33, 148 – 168.

Dong, J. & Nagurney, A. (2001). "Bicriteria decision making and financial equilibrium: a variational inequality perspective", Computational Economics, 17, 29 – 42.

Dowling, G. (2001). *Creating corporate reputations: identity, image, performance*, Oxford: Oxford university press.

Duclos, L. K., Vokurka, R. J. & Lummus, R. R. (2003). "A conceptual model of supply chain flexibility", Industrial Management & Data Systems, 103, 446 – 456.

Eisenhardt, K. M. & Galunic, D. C. (2000). "Coevolving: at last, a way to make synergies work", Harvard Business Review, 78, 91 – 101.

Eriksson, T., Nummela, N. & Saarenketo, S. (2014). "Dynamic capability in a small global factory", International Business Review, 23, 169 – 180.

Esper, L., Fugate, S. & Davis-Sramek, B. (2007). "Logistics learning capability: sustaining the competitive advantage gained through logistics leverage", Journal of Business Logistics, 28, 57 – 82.

Faccio, M. (2006). "Politically connected firms", American Economic Review, 96, 369 – 386.

Faccio, M. & Lang, L. H. P. (2002). "The ultimate ownership of Western European corporations", Journal of Financial Economics, 65, 365 – 395.

Fahimnia, B., Sarkis, J. & Davarzani, H. (2015). "Green supply chain management: a review and bibliometric analysis", International Journal of Production Economics, 162, 101 – 114.

Falck, O. & Heblich, S. (2007). "Corporate social responsibility: doing well by doing good", Business Horizons, 50, 247 – 254.

Fang, L. -Y. & Wu, S. -H. (2005). "Accelerating innovation through knowledge co-evolution: a case study in the Taiwan semiconductor industry", International Journal of Technology Management, 33, 183 – 195.

Feng, Y., Zhu, Q. & Lai, K. -H. (2017). "Corporate social responsibility for supply chain management: a literature review and bibliometric analysis", Journal of Cleaner Production, 158, 296 – 307.

Flammer, C. (2012). "Corporate social responsibility and shareholder reaction: the environmental awareness of investors", Academy of Management Journal, 56, 758 – 781.

Foerstl, K., Reuter, C., Hartmann, E. & Blome, C. (2010). "Managing supplier sustainability risks in a dynamically changing environment—Sustainable supplier management in the chemical industry", Journal of Purchasing and Supply Management, 16, 118 – 130.

Freeman, R. E. (1984). Strategic management: a stakeholder approach Cambridge, Cambridge: Cambridge University Press.

Friedman, M. (1962). Capitalism and freedom, Chicago: University of Chicago Press.

Gabriela, A., Colin, P. & Richard, W. (2010). "Nestlé Nespresso AAA sustainable quality program: an investigation into the governance dynamics in a multi-stakeholder supply chain network", Supply Chain Management: An International Journal, 15, 165 – 182.

Gilbert, D. & Rasche, A. (2007). "Discourse ethics and social accountability: the ethics of SA 8000", Business Ethics Quarterly, 17, 187 – 216.

Goedhuys, M. & Sleuwaegen, L. (2013). "The impact of international standards certification on the performance of firms in less developed countries", World Development, 47, 87 – 101.

Gold, S., Seuring, S. & Beske, P. (2010). "Sustainable supply chain management and inter-organizational resources: a literature review", Corporate Social Responsibility and Environmental Management, 17, 230 – 245.

Grant, M. & Baden-Fuller, C. (2004). "A knowledge accessing theory of strategic alliances", Journal of Management Studies, 41, 61 – 84.

Gu, L. (2018). Enterprises must take social responsibility [online]. The CPPCC

Newspaper. Available from: http://epaper.rmzxb.com.cn/detail.aspx?id=420640 [Accessed Access Date 2018].

Gugler, P. & Shi, J. (2009). "Corporate social responsibility for developing country multinational corporations: lost war in pertaining global competitiveness?", Journal of Business Ethics, 87, 3-24.

Guide Jr, V. D. R. & Ketokivi, M. (2015). "Notes from the Editors: redefining some methodological criteria for the journal", Journal of Operations Management, 37, v-viii.

Hamel, G. (1991). "Competition for competence and inter-partner learning within International strategic alliances", Strategic Management Journal, 12, 83-103.

Hart, S. L. & Milstein, M. B. (2003). "Creating sustainable value", Academy of Management Perspectives, 17, 56-67.

He, Q. (1999). "Knowledge discovery through co-word analysis", Library Trends, 48, 133-159.

Heckman, J. & Navarro-Lozano, S. (2004). "Using matching, instrumental variables, and control functions to estimate economic choice models", The Review of Economics and Statistics, 86, 30-57.

Helfat, C. E. (2007). Dynamic capabilities: understanding strategic change in organizations malden, MA: Blackwell Publications.

Helfat, E., Finkelstein, S., Mitchell, W., Peteraf, M., Singh, H., Teece, D. & Winter, G. (2009). Dynamic capabilities: understanding strategic change in organizations, New York: John Wiley & Sons.

Heras-Saizarbitoria, I., Molina-Azorín, J. F. & Dick, G. P. M. (2011). "ISO 14001 certification and financial performance: selection-effect versus treatment-effect", Journal of Cleaner Production, 19, 1-12.

Hillman, A. J. (2005). "Politicians on the board of directors: do connections affect the bottom line?", Journal of Management, 31, 464-481.

Hillman, A. J. & Hitt, M. A. (1999). "Corporate political strategy formulation: a model of approach, participation, and strategy decisions", Academy of Management Review, 24, 825-842.

Hitt, M. A., Hoskisson, R. E. & Kim, H. (1997). "International diversification: effects on innovation and firm performance in product-diversified firms", Academy of Management Journal, 40, 767-798.

Hjorland, B. (2013). "Citation analysis: a social and dynamic approach to knowledge organization", Information Processing & Management, 49, 1313-1325.

Holt, D. (2004). "Managing the interface between suppliers and organizations for environmental responsibility—an exploration of current practices in the UK", Corporate Social Responsibility and Environmental Management, 11, 71-84.

Iannotta, G., Nocera, G. & Sironi, A. (2013). "The impact of government ownership on bank risk", Journal of Financial Intermediation, 22, 152-176.

Jaccard, J., Wan, C. K. & Turrisi, R. (1990). "The detection and interpretation of interaction effects between continuous variables in multiple regression", Multivariate Behavioral Research, 25, 467 – 478.

Jacobs, B. W. & Singhal, V. R. (2017). "The effect of the Rana Plaza disaster on shareholder wealth of retailers: implications for sourcing strategies and supply chain governance", Journal of Operations Management, 49 – 51, 52 – 66.

Jacomy, M., V enturini, T., Heymann, S. & Bastian, M. (2014). "ForceAtlas2, a continuous graph layout algorithm for handy network visualization designed for the Gephi software", Plos One, 9.

Jennings, M. & Entine, J. (1998). "Business with a soul: a reexamination of what counts in business ethics", Journal of Public Law & Policy, 20, 1.

John, E. (1997). Cannibals with forks: the triple bottom line of 21st century business, Oxford: Capstone Publishing Ltd.

Jones, T. M. (1995). "Instrumental stakeholder theory: a synthesis of ethics and economics", Academy of Management Review, 20, 404 – 437.

Jüttner, U., Peck, H. & Christopher, M. (2003). "Supply chain risk management: outlining an agenda for future research", International Journal of Logistics: Research and Applications, 6, 197 – 210.

Kähkönen, A. -K., Lintukangas, K., Hallikas, J. & Evangelista, P. (2016). "Responsible buying practices in supply risk management", International Journal of Integrated Supply Management, 10, 309.

Kaptein, M. (2004). "Business codes of multinational firms: what do they say?", Journal of Business Ethics, 50, 13 – 31.

Kiernan, M. (2005). "A new long-term view: a sustainability analysis looks upon a company's ability to manage SRI issues as a proxy to management quality. (socially responsible investing)", Pensions & Investments, 33, 10.

King, A. & Lenox, M. (2001). "Lean and green? An empirical examination of the relationship between lean production and environmental performance", Production and Operations Management, 10, 244 – 256.

King, A. A., Lenox, M. J. & Terlaak, A. (2005). "The strategic use of decentralized institutions: exploring certification with the ISO 14001 management standard", Academy of Management Journal, 48, 1091 – 1106.

Kitazawa, S. & Sarkis, J. (2000). "The relationship between ISO 14001 and continuous source reduction programs", International Journal of Operations &Production Management, 20, 225 – 248.

Klassen, R. (2000). "Just-in-time manufacturing and pollution prevention generate mutual benefits in the furniture industry", Interfaces, 30, 95 – 106.

Köksal, D., Strähle, J., Müller, M. & Freise, M. (2017). "Social sustainable supply chain management in the textile and apparel industry—a literature review", Sustainability, 9.

Lamberti, L. & Lettieri, E. (2009). "CSR practices and corporate strategy: evidence from a longitudinal case study", Journal of Business Ethics, 87, 153 – 168.

Laura, S. & Michael, B. (2009). "The evolution from corporate social responsibility to supply chain responsibility: the case of Waitrose", Supply Chain Management: An International Journal, 14, 291 – 302.

Lee, V. -H., Ooi, K. -B., Chong, A. Y. -L., Seow, C. (2014). "Creating technological innovation via green supply chain management: an empirical analysis", Expert Systems with Applications, 41, 6983 – 6994.

Lemke, F. & Petersen, H. L. (2013). "Teaching reputational risk management in the supply chain", Supply Chain Management: An International Journal, 18, 413 – 429.

Levitt, T. (1958). "The dangers of social-responsibility", Harvard business review, 36, 41 – 50.

Li, H., Meng, L., Wang, Q. & Zhou, L. -A. (2008). "Political connections, financing and firm performance: evidence from Chinese private firms", Journal of Development Economics, 87, 283 – 299.

Li, H., Meng, L. & Zhang, J. (2007). "Why do entrepreneurs enter politics? Evidence from China", Economic Inquiry, 44, 559 – 578.

Li, S., Xia, J., Long, C. X. & Tan, J. (2015). "Control modes and outcomes of transformed state-owned enterprises in China: an empirical test", Management and Organization Review, 8, 283 – 309.

Li, W. & Lu, X. (2016). "Institutional interest, ownership type, and environmental capital expenditures: evidence from the most polluting Chinese listed firms", Journal of Business Ethics, 138, 459 – 476.

Lim, S. -J. & Phillips, J. (2008). "Embedding CSR Values: the global footwear industry's evolving governance structure", Journal of Business Ethics, 81, 143 – 156.

Lin, C. -Y. & Ho, Y. -H. (2011). "Determinants of green practice adoption for logistics companies in China", Journal of Business Ethics, 98, 67 – 83.

Lindgreen, A., Swaen, V., Maon, F., Andersen, M. & Skjoett-Larsen, T. (2009). "Corporate social responsibility in global supply chains", Supply Chain Management: an International Journal, 14, 75 – 86.

Lintukangas, K., Kähkönen, A. -K. & Ritala, P. (2016). "Supply risks as drivers of green supply management adoption", Journal of Cleaner Production, 112, 1901 – 1909.

Lo, C. K. Y., Tang, C. S., Zhou, Y., Yeung, A. C. L. & Fan, D. (2018). "Environmental incidents and the market value of firms: an empirical investigation in the Chinese context", Manufacturing & Service Operations Management, 20, 422 – 439.

Logsdon, J. M. & Wood, D. J. (2002). "Business citizenship: from domestic to global level of analysis", Business Ethics Quarterly, 12, 155 – 187.

Longoni, A. & Cagliano, R. (2018). "Inclusive environmental disclosure practices and firm performance: the role of green supply chain management", International Journal of Operations & Production Management, 38, 1815 – 1835.

Lopatta, K., Jaeschke, R. & Chen, C. (2017). "Stakeholder engagement and corporate social responsibility (CSR) performance: international evidence", Corporate Social Responsibility and Environmental Management, 24, 199 – 209.

Lord, M. D. (2000). "Constituency-based lobbying as corporate political strategy: testing an agency theory perspective", Business and Politics, 2, 289 – 308.

Lozano, R. & Huisingh, D. (2011). "Inter-linking issues and dimensions in sustainability reporting", Journal of Cleaner Production, 19, 99 – 107.

Ma, D. & Parish, W. L. (2006). "Tocquevillian moments: charitable contributions by Chinese private entrepreneurs", Social Forces, 85, 943 – 964.

Mackey, A., Mackey, T. B. & Barney, J. B. (2007). "Corporate social responsibility and firm performance: investor preferences and corporate strategies", Academy of Management Review, 32, 817 – 835.

Maignan, I. & Ferrell, O. (2001). "Antecedents and benefits of corporate citizenship: an investigation of French businesses", Journal of Business Research, 51, 37 – 51.

Maignan, I., Hillebrand, B. & Mcalister, D. (2002). "Managing socially-responsible buying: how to integrate non-economic criteria into the purchasing process", European Management Journal, 20, 641 – 648.

Maloni, M. J. & Brown, M. E. (2006). "Corporate social responsibility in the supply chain: an application in the food industry", Journal of Business Ethics, 68, 35 – 52.

Mariluz, F. & Antonio, R. (2009). "Intellectual structure of human resources management research: a bibliometric analysis of the journal human resource management, 1985 – 2005", Journal of the American Society for Information Science and Technology, 60, 161 – 175.

Markley Melissa, J. (2007). "Exploring future competitive advantage through sustainable supply chains", International Journal of Physical Distribution & Logistics Management, 37, 763 – 774.

Marquis, C. & Qian, C. (2013). "Corporate social responsibility reporting in China: symbol or substance?", Organization Science, 25, 127 – 148.

Marquis, C., Zhang, J. & Zhou, Y. (2011). "Regulatory uncertainty and corporate responses to environmental protection in China", California Management Review, 54, 39 – 63.

Mcwilliams, A. & Siegel, D. (1997). "Event studies in management research: theoretical and empirical issues", Academy of Management Journal, 40, 626 – 657.

Meixell, M. J. & Luoma, P. (2015). "Stakeholder pressure in sustainable supply chain management: a systematic review", International Journal of Physical Distribution and Logistics Management, 45, 69 – 89.

Melnyk, S. A., Sroufe, R. P. & Calantone, R. (2003). "Assessing the impact of environmental management systems on corporate and environmental performance", Journal of Operations Management, 21, 329 - 351.

Montabon, F., Sroufe, R. & Narasimhan, R. (2007). "An examination of corporate reporting, environmental management practices and firm performance", Journal of Operations Management, 25, 998 - 1014.

Montiel, I. (2008). "Corporate social responsibility and corporate sustainability: separate pasts, common futures", Organization & Environment, 21, 245 - 269.

Moratis, L. (2016). "Consequences of collaborative governance in CSR: an empirical illustration of strategic responses to institutional pluralism and some theoretical implications", Business and Society Review, 121, 415 - 446.

Morsing, M. & Schultz, M. (2006). "Corporate social responsibility communication: stakeholder information, response and involvement strategies", Business Ethics: A European Review, 15, 323 - 338.

Mowrey, C., Oxley, E. & Silverman, S. (1996). "Strategic alliances and interfirm knowledge transfer", Strategic Management Journal, 17, 77 - 91.

Muller, C., Vermeulen, V. & Glasbergen, P. (2009). "Perceptions on the demand side and realities on the supply side: a study of the South African table grape export industry", Sustainable Development, 17, 295 - 310.

Muris, L. & Moacir, G. (2010). "Variations of the kanban system: literature review and classification", International Journal of Production Economics, 125, 13 - 21.

Murray, M. P. (2006). "Avoiding invalid instruments and coping with weak instruments", Journal of Economic Perspectives, 20, 111 - 132.

Nishat Faisal, M. (2010). "Sustainable supply chains: a study of interaction among the enablers", Business Process Management Journal, 16, 508 - 529.

Nollet, J., Filis, G. & Mitrokostas, E. (2016). "Corporate social responsibility and financial performance: a non-linear and disaggregated approach", Economic Modelling, 52, 400 - 407.

O'brien, K. J. (2008). *Reform without liberalization: China's National People's Congress and the politics of institutional change*, Cambridge: Cambridge University Press.

Okhmatovskiy, I. (2010). "Performance implications of ties to the government and SOEs: a political embeddedness perspective", Journal of Management Studies, 47, 1020 - 1047.

Omran, M. (2004). "The performance of state-owned enterprises and newly privatized firms: does privatization really matter?", World Development, 32, 1019 - 1041.

Orlitzky, M., Schmidt, F. L. & Rynes, S. L. (2003). "Corporate social and financial performance: a meta-analysis", Organization Studies, 24, 403 - 441.

Pagell, M. & Wu, Z. H. (2009). "Building a more complete theory of sustainable supply chain management using case studies of 10 exemplars", Journal of Supply

Chain Management, 45, 37 – 56.

Palma-Mendoza, J. A. & Neailey, K. (2015). "A business process re-design methodology to support supply chain integration: application in an Airline MRO supply chain", International Journal of Information Management, 35, 620 – 631.

Parente, C., Baack, W. & Hahn, D. (2011). "The effect of supply chain integration, modular production, and cultural distance on new product development: a dynamic capabilities approach", Journal of International Management, 17, 278 – 290.

Paulraj, A. & De Jong, P. (2011). "The effect of ISO 14001 certification announcements on stock performance", International Journal of Operations &Production Management, 31, 765 – 788.

Peng, M. W. & Luo, Y. (2000). "Managerial ties and firm performance in a transition economy: the nature of a micro-macro link", Academy of Management Journal, 43, 486 –501.

Peter, T., Marko, B. & Aleš, G. (2015). "A business model approach to supply chain management", Supply Chain Management: An International Journal, 20, 587 – 602.

Plambeck, E., Lee, H. L. & Yatsko, P. (2012). "Improving environmental performance in Your Chinese Supply Chain", MIT Sloan Management Review, 53, 43 – 51.

Porta, R., Lopez-De-Silanes, F. & Shleifer, A. (2002). "Corporate ownership around the world", The Journal of Finance, 54, 471 – 517.

Porter, M. E. & Kramer, M. R. (2006). "The link between competitive advantage and corporate social responsibility", Harvard business review, 84, 78 – 92.

Preacher, K. J. & Hayes, A. F. (2008). "Asymptotic and resampling strategies for assessing and comparing indirect effects in multiple mediator models", Behavior Research Methods, 40, 879 – 891.

Quarshie, A. M., Salmi, A. & Leuschner, R. (2016). "Sustainability and corporate social responsibility in supply chains: the state of research in supply chain management and business ethics journals", Journal of Purchasing and Supply Management, 22, 82 – 97.

Radicchi, F., Castellano, C., Cecconi, F., Loreto, V. & Parisi, D. (2004). "Defining and identifying communities in networks", Proceedings of the National Academy of Sciences of the United States of America, 101, 2658 – 2663.

Raghuram, S., Tuertscher, P. & Garud, R. (2009). "Research note—mapping the field of virtual work: a cocitation analysis", Information Systems Research, 21, 983 – 999.

Rai, A., Patnayakuni, R. & Seth, N. (2006). "Firm performance impacts of digitally enabled supply chain integration capabilities", MIS Quarterly, 30, 225 – 246.

Raja, K., Stefan, S., Philip, B., Anna, L., Sadaat, Y. & Ralf, W. (2015). "Putting sustainable supply chain management into base of the pyramid research", Supply Chain Management: An International Journal, 20, 681 – 696.

Ray, G., Muhanna, A. & Barney, B. (2005). "Information technology and the performance of the customer service process: a resource-based analysis", MIS Quarterly, 29, 625 – 652.

Roberts, L. (1998). "Codes of conduct and implications for small enterprises", Small Enterprise Development, 9, 23 – 27.

Roberts, P. W. & Dowling, G. R. (2002). "Corporate reputation and sustained superior financial performance", Strategic Management Journal, 23, 1077 – 1093.

Roberts, S. (2003). "Supply chain specific? Understanding the patchy success of ethical sourcing initiatives", Journal of Business Ethics, 44, 159 – 170.

Robinson, M., Kleffner, A. & Bertels, S. (2011). "Signaling sustainability leadership: empirical evidence of the value of DJSI membership", Journal of Business Ethics, 101, 493 – 505.

Robinson, P. K. (2010). "Responsible retailing: the practice of CSR in banana plantations in Costa Rica", Journal of Business Ethics, 91, 279 – 289.

Roca, L. C. & Searcy, C. (2012). "An analysis of indicators disclosed in corporate sustainability reports", Journal of Cleaner Production, 20, 103 – 118.

Roden, S. & Lawson, B. (2014). "Developing social capital in buyer-supplier relationships: the contingent effect of relationship-specific adaptations", International Journal of Production Economics, 151, 89 – 99.

Roman, R., Hayibor, S. & Agle, B. (1999). "The relationship between social and financial performance repainting a portrait", Business & Society, 38, 109 – 125.

Rose, N. (1999). *Powers of freedom: reframing political thought*, Cambridge: Cambridge university press.

Rosenbaum, P. R. & Rubin, D. B. (1985). "Constructing a control group using multivariate matched sampling methods that incorporate the propensity score", The American Statistician, 39, 33 – 38.

Ross, H. F. (2014). "Corporate social responsibility disclosure: The three concentric circles model—A proposed framework for classifying sustainability initiatives in the fashion supply-chain", International Journal of Business and Globalisation, 13, 76 – 90.

Russell, E. O. (2010). "CEO and CSR: business leaders and corporate social responsibility", Robert Gordon University, PhD thesis.

Sarkis, J., Zhu, Q. & Lai, K. (2011). "An organizational theoretic review of green supply chain management literature", International Journal of Production Economics, 130, 1 – 15.

Schepers, D. H. (2010). "Challenges to legitimacy at the Forest Stewardship Council", Journal of Business Ethics, 92, 279 – 290.

Sen, S., Bhattacharya, C. B. & Korschun, D. (2006). "The role of corporate social responsibility in strengthening multiple stakeholder relationships: a field experiment", Journal of the Academy of Marketing science, 34, 158 – 166.

Sethi, S. P. (1975). "Dimensions of corporate social performance: an analytical framework", California Management Review, 17, 58 – 64.

Seuring, S. (2006). "Supply chain controlling: summarizing recent developments in German literature", Supply Chain Management-an International Journal, 11, 10 – 14.

Seuring, S., Sarkis, J., Müller, M. & Rao, P. (2008). "Sustainability and supply chain management—an introduction to the special issue", Journal of Cleaner Production, 16, 1545 – 1551.

Shiu, Y. -M. & Y ang, S. -L. (2017). "Does engagement in corporate social responsibility provide strategic insurance-like effects?", Strategic Management Journal, 38, 455 – 470.

Short, J. L. & Toffel, M. W. (2010). "Making self-regulation more than merely symbolic: the critical role of the legal environment", Administrative Science Quarterly, 55, 361 – 396.

Sine, W. D., David, R. J. & Mitsuhashi, H. (2007). "From plan to plant: effects of certification on operational start-up in the emergent independent power sector", Organization Science, 18, 578 – 594.

Small, H.. (1973). "Co-citation in the scientific literature: a new measure of the relationship between two documents", Journal of the American Society for information Science, 24, 265 – 269.

Su, C. -M., Horng, D. -J., Tseng, M. -L., Chiu, A. S. F., Wu, K. -J. & Chen, H. -P. (2016). "Improving sustainable supply chain management using a novel hierarchical grey-DEMA TEL approach", Journal of Cleaner Production, 134, 469 – 481.

Subramani, M. (2004). "How do suppliers benefit from information technology use in supply chain relationships?", MIS Quarterly, 28, 45 – 73.

Suchman, M. C. (1995). "Managing legitimacy: strategic and institutional approaches", Academy of Management Review, 20, 571 – 610.

Sun, N., Salama, A., Hussainey, K. & Habbash, M. (2010). "Corporate environmental disclosure, corporate governance and earnings management", Managerial Auditing Journal, 25, 679 – 700.

Surroca, J., Tribó, J. A. & Zahra, S. A. (2013). "Stakeholder pressure on MNEs and the transfer of socially irresponsible practices to subsidiaries", Academy of Management Journal, 56, 549 – 572.

Svensson, G. & Bth, H. (2008). "Supply chain management ethics: conceptual framework and illustration", Supply Chain Management, 13, 398 – 405.

Tallontire, A., Opondo, M., Nelson, V. & Martin, A. (2011). "Beyond the vertical? using value chains and governance as a framework to analyse private standards initiatives in agri-food chains", Agriculture and Human Values, 28, 427 – 441.

Tate, W. L., Dooley, K. J. & Ellram, L. M. (2011). "Transaction cost and institutional drivers of supplier adoption of environmental practices", Journal of Business Logistics, 32, 6 – 16.

Tate, W. L., Ellram, L. M. & Kirchoff, J. F. (2010). "Corporate social responsibility reports: a thematic analysis related to supply chain management", Journal of Supply Chain Management, 46, 19 - 44.

Teece, J., Pisano, G. & Shuen, A. (1997). "Dynamic capabilities and strategic management", Strategic Management Journal, 18, 509 - 533.

Thurston, C. C. (1998). "Latin America finds the profit in ISO 14000", Chemical Market Reporter, 253.

Tong, X., Lai, K. -H., Zhu, Q., Zhao, S., Chen, J. & Cheng, T. C. E. (2018). "Multinational enterprise buyers' choices for extending corporate social responsibility practices to suppliers in emerging countries: a multi-method study", Journal of Operations Management, 63, 25 - 43.

Torugsa, N. A., O'donohue, W. & Hecker, R. (2012). "Capabilities, proactive CSR and financial performance in SMEs: empirical evidence from an Australian manufacturing industry sector", Journal of Business Ethics, 109, 483 - 500.

Tuczek, F., Castka, P. & Wakolbinger, T. (2018). "A review of management theories in the context of quality, environmental and social responsibility voluntary standards", Journal of Cleaner Production, 176, 399 - 416.

Vachon, S. (2007). "Green supply chain practices and the selection of environmental technologies", International Journal of Production Research, 45, 4357 - 4379.

Valmohammadi, C. (2014). "Impact of corporate social responsibility practices on organizational performance: an ISO 26000 perspective", Social Responsibility Journal, 10, 455 - 479.

Van Der Valk, W. & Van Iwaarden, J. (2011). "Monitoring in service triads consisting of buyers, subcontractors and end customers", Journal of Purchasing and Supply Management, 17, 198 - 206.

Van Marrewijk, M. (2003). "Concepts and definitions of CSR and corporate sustainability: between agency and communion", Journal of Business Ethics, 44, 95 - 105.

Vidal-Leon, C. (2013). "Corporate social responsibility, human rights, and the World Trade Organization", Journal of International Economic Law, 16, 893 - 920.

Vilanova, M., Lozano, J. & Arenas, D. (2009). "Exploring the nature of the relationship between CSR and competitiveness", Journal of Business Ethics, 87, 57 - 69.

Vitaliano, D. F. & Stella, G. P. (2006). "The cost of corporate social responsibility: the case of the community reinvestment act", Journal of Productivity Analysis, 26, 235 - 244.

Wah, L. (1998). "Treading the sacred ground", Management Review, 87, 18.

Walter, C. & Ribiere, V., (2013). "A citation and co-citation analysis of 10 years of KM theory and practices", Knowledge Management Research & Practice, 11, 221 - 229.

Walton, S. V., Handfield, R. B. & Melnyk, S. A. (1998). "The green supply chain: integrating suppliers into environmental management processes", International Journal of Purchasing and Materials Management, 34, 2 - 11.

Wang, G. H. & Li, N. (2015). "Selection game model of air service provider based on corporate social responsibility", Jiaotong Yunshu Gongcheng Xuebao/Journal of Traffic and Transportation Engineering, 15, 90 - 99.

Wang, H. & Qian, C. (2011). "Corporate philanthropy and corporate financial performance: the roles of stakeholder response and political access", Academy of Management Journal, 54, 1159 - 1181.

Wang, Q., Wong, T. J. & Xia, L. (2008). "State ownership, the institutional environment, and auditor choice: evidence from China", Journal of Accounting and Economics, 46, 112 - 134.

Werther Jr, W. B. & Chandler, D. (2010). *Strategic corporate social responsibility: Stakeholders in a global environment*, London: Sage Publications.

Wiskerke, J. & Roep, D. (2007). "Constructing a sustainable pork supply chain: a case of techno-institutional innovation", Journal of Environmental Policy & Planning, 9, 53 - 74.

Withisuphakorn, P. & Jiraporn, P. (2016). "The effect of firm maturity on corporate social responsibility (CSR): do older firms invest more in CSR?", Applied Economics Letters, 23, 298 - 301.

Wu, C. (2015). "Collaboration and sharing mechanisms in improving corporate social responsibility", Central European Journal of Operations Research, 24, 681 - 707.

Wu, F., Yeniyurt, S., Kim, D. & Cavusgil, S. T. (2006). "The impact of information technology on supply chain capabilities and firm performance: a resource-based view", Industrial Marketing Management, 35, 493 - 504.

Wu, G. C. (2017). "Effects of socially responsible supplier development and sustainability - oriented innovation on sustainable development: empirical evidence from SMEs", Corporate Social Responsibility and Environmental Management, 24, 661 - 675.

Young, S. L. & Makhija, M. V. (2014). "Firms' corporate social responsibility behavior: an integration of institutional and profit maximization approaches", Journal of International Business Studies, 45, 670 - 698.

Zahra, A., Sapienza, J. & Davidsson, P. (2006). "Entrepreneurship and dynamic capabilities: a review, model and research agenda", Journal of Management Studies, 43, 917 - 955.

Zhao, B. (2017). The Belt and Road Initiative: Another case of "China Mode"? [online]. https://www.globalresearch.ca/the-belt-and-road-initiative-another-case-of-china-mode/5592377 [Accessed Access Date 2017].

Zhou, K. Z., Zhang, Q., Sheng, S., Xie, E. & Bao, Y. (2014). "Are relational ties always good for knowledge acquisition? Buyer-supplier exchanges in China", Journal of Operations Management, 32, 88 - 98.

Zhu, Q., Liu, J. & Lai, K. -H. (2016). "Corporate social responsibility practices and performance improvement among Chinese national state-owned enterprises", International Journal of Production Economics, 171, 417 - 426.

Zimmer, K., Fröhling, M., Breun, P. & Schultmann, F. (2017). "Assessing social risks of global supply chains: a quantitative analytical approach and its application to supplier selection in the German automotive industry", Journal of Cleaner Production, 149, 96–109.

Zimmerman, M. A. & Zeitz, G. J. (2002). "Beyond survival: achieving new venture growth by building legitimacy", Academy of Management Review, 27, 414–431.

Zollo, M. & Winter, S. G. (2002). "Deliberate learning and the evolution of dynamic capabilities", Organization Science, 13, 339–351.

Zorzini, M., Hendry, L., Huq, F. & Stevenson, M. (2015). "Socially responsible sourcing: reviewing the literature and its use of theory", International Journal of Operations and Production Management, 35, 60–109.

Zupic, I. & Cater, T. (2015). "Bibliometric methods in management and organization", Organizational Research Methods, 18, 429–472.